500
partycakes

Die leckersten
Kuchen & Torten
für jeden
Anlass

500 Partycakes

Die leckersten
Kuchen & Torten
für jeden
Anlass

Susannah Blake

Bassermann

ISBN 978-3-8094-2557-1

© 2010 by Bassermann Verlag, einem Unternehmen der Verlagsgruppe
Random House GmbH, 81673 München
© der Originalausgabe by Quintet Publishing Limited, London N7 9BH,
Großbritannien; Originaltitel: 500 Partycakes

Fotos: Ian Garlick
Foodstyling: Fergal Connolly
Realisation der deutschen Übersetzung: trans texas publishing, Köln
Übersetzung: Melanie Schirdewahn, Köln
Lektorat der deutschen Übersetzung: Lisa Heilig, Köln

Satz: Aicha Becker, Köln
Druck: SNP Leefung

Printed in China

817 2635 4453 6271

Inhalt

Einleitung

Nichts geht über einen selbst gebackenen Kuchen – sei es als Begleiter zum Kaffee am Nachmittag, als Überraschung für die Kinder, als krönender Abschluss eines Menüs, als Highlight für einen besonderen Anlass oder für den gemütlichen Kaffeeklatsch am Wochenende. Damit Sie zu jeder Gelegenheit den passenden Kuchen servieren können, haben wir 500 einfache und schnelle Rezepte für sahnigen Käsekuchen, beliebte Kuchenklassiker oder kunstvolle Torten zusammengestellt. Auch Rezepte, die gewisse Unverträglichkeiten berücksichtigen, kommen nicht zu kurz.

Kuchenbacken ist gar nicht schwierig und dabei so variantenreich. Am einfachsten und schnellsten gelingen Kuchen aus Rührteig, die, vor allem in einer Kastenform gebacken, leicht zu portionieren und gut zu transportieren sind – zum Beispiel zu einem Picknick im Grünen. Mit einer feinen Füllung oder einer üppigen Verzierung werden daraus mit wenigen Handgriffen prachtvolle Torten, die jede Kaffeetafel krönen.

Und eine Geburtstagsfeier ohne Kuchen ist gar nicht vorstellbar! Es gibt keine Regel, wie ein Geburtstagskuchen aussehen muss. Wählen Sie einfach ein passendes Rezept für das Geburtstagskind und lassen Sie Ihrer Fantasie freien Lauf. Dekorieren Sie Ihr Backwerk nach Belieben mit Geburtstagskerzen, Wunderkerzen oder anderen Dekorelementen, doch Sie können den Geburtstag auch mit einem einfachen, mit Kakao bestäubten Kuchen feiern.

Kuchen lassen sich im Übrigen auch sehr gut verschenken – sei es als kleine Aufmerksamkeit oder als Mitbringsel auf eine Party. Was gibt es Schöneres als ein ganz persönlich und individuell gestalteter Kuchen? Verwöhnen Sie sich und Ihre Lieben mit Ihren eigenen Kreationen. Unter den 500 Rezeptvorschlägen ist garantiert für jeden etwas dabei.

Küchenutensilien

Für die meisten der hier vorgestellten Kuchen sind keine speziellen Küchenutensilien nötig. Es genügen Backformen, eine Rührschüssel und ein Messbecher oder eine Waage zum Abwiegen der Zutaten.

Backformen
Backformen sind in einer Vielzahl von Größen und Formen erhältlich. Für die Rezepte in diesem Buch werden runde Springformen, Kastenformen und flache, eckige Backformen benötigt. Sie können jedoch auch Herz-, Stern- oder andere Motivformen verwenden. Springformen, insbesondere beschichtete, sind sehr praktisch, da sich der Kuchen hier am einfachsten aus der Form lösen lässt. Backformen bestehen meist aus Metall; Silikonformen werden allerdings immer beliebter. Sie erhitzen sich nicht so stark wie Metall und sind deshalb zum Backen mit Kindern gut geeignet.

Messbecher & Messlöffel
Halten Sie sich beim Backen immer exakt an die Mengenangaben. Wenn das Verhältnis der Zutaten zueinander nicht stimmt, besteht die Gefahr, dass der Kuchen nicht richtig aufgeht oder Konsistenz und Geschmack zu wünschen übrig lassen.

Rührschüsseln
Zur Backgrundausstattung gehört eine große Rührschüssel. Hilfreich sind zudem ein paar kleinere Schüsseln und Schalen, um Zutaten abzumessen oder kleine Portionen anzurühren. Für die Vor- und Zubereitung im Wasserbad benötigen Sie eine hitzebeständige Schüssel.

Weitere nützliche Utensilien

Zum Teigrühren, Eiweiß- und Sahneschlagen empfiehlt sich ein elektrisches Handrührgerät oder eine Küchenmaschine. Teigschaber sind praktisch, um Zutaten unter den Teig zu mischen, den Teig aus der Schüssel in die Form zu füllen oder Füllungen und Glasuren zu verstreichen. Für die Garprobe eignet sich ein Holzspieß, der in die dickste Stelle des Kuchens gestochen wird.

Kuchengitter

Falls nicht anders angegeben, sollten Kuchen zum Abkühlen auf ein Kuchengitter gesetzt werden. So kann die Luft zirkulieren und die Backwaren schwitzen nicht.

Siebe

Überaus hilfreich beim Backen sind ein großes und ein kleines Haarsieb. Mit dem großen Sieb können Zutaten wie Mehl oder Puderzucker in eine Schüssel gesiebt werden; das kleine dient zum Bestäuben des Kuchens mit Puderzucker oder Kakaopulver. Alternativ dazu kann ein Einhandmehlsieb verwendet werden.

Schneidebrett & Messer

Dieses dient zum Hacken von Schokolade, Nüssen oder Trockenfrüchten. Mit einem großen Sägemesser lassen sich Kuchen horizontal gut in einzelne Teigböden schneiden. Zum Anschneiden von Kuchen aus Biskuit- oder Rührteig ist ein langes Messer mit glatter Klinge ideal.

Backpapier

Der Kuchen ist leichter aus der Form zu lösen, wenn diese mit Backpapier ausgelegt wurde.

Zeitmesser

Ebenso wichtig wie das genaue Abmessen der Zutaten ist die Einhaltung der Backzeit. Verwenden Sie eine Eieruhr oder den Timer Ihres Handys, um die Backzeit zu kontrollieren.

Elektrische Rührgeräte

Eine Küchenmaschine oder ein Handrührgerät sind eine große Hilfe für jeden Hobbybäcker. Zutaten lassen sich damit schneller und leichter rühren und schlagen. Mehl und Eischnee sollten vorzugsweise von Hand mit einem Löffel oder Teigschaber unter den Teig gehoben werden.

Zutaten

Die meisten Kuchen bestehen aus vier Grundzutaten: Butter, Zucker, Eier und Mehl. Diesem Grundteig können weitere Zutaten wie Vanillearoma, Zitrusschalen, Schokolade, Nüsse oder Früchte zugefügt werden. Sie verleihen dem Kuchen nicht nur einen anderen Geschmack, sondern auch eine andere Textur.

Butter & andere Fette

Butter ist wegen ihrer guten Backeigenschaften und ihres feinen Geschmacks ideal zum Backen. Sie kann jedoch durch Backmargarine oder, wenn Sie unter einer Laktoseintoleranz leiden, durch laktosefreie Margarine ersetzt werden. Butter oder Margarine sollten generell zimmerwarm und weich verarbeitet werden.

Zucker & andere Süßstoffe

Zucker ist nicht gleich Zucker, und je nach Sorte verändern sich Geschmack und Konsistenz des Kuchens. Weißer Feinstzucker ist ideal zum Backen, da er sich aufgrund seiner feinen Körnung gut mit den anderen Zutaten verbindet und der Kuchen eine besonders feine Textur erhält. Zuckersorten mit grober Körnung eignen sich besser zum Bestreuen von Kuchen, da sie eine knusprige Kruste bilden. Nicht raffinierter brauner Zucker oder Rohrzucker hat ein intensiveres, karamellartiges Aroma und verleiht dem Kuchen einen kräftigeren Geschmack. Puderzucker wird hauptsächlich zum Anrühren von Glasuren und zum Bestäuben von Kuchen verwendet, sollte allerdings vorher gesiebt werden. Es gibt auch Alternativen zu Zucker, wie Honig, Ahornsirup oder Zuckerrübensirup. Sie werden in der Regel mit Zucker kombiniert und machen den Kuchen aromatischer und saftiger.

Mehl & Triebmittel

Zum Backen von Feinbackwerk eignet sich am besten Weizenmehl der Type 405 oder 550 (alternativ etwas kräftigeres Dinkelmehl Type 630). Dem werden meist Triebmittel wie Backpulver, Natron oder Weinsteinbackpulver zugesetzt. Darüber hinaus kann Weizenmehl mit den folgenden Produkten gemischt oder gar durch sie ersetzt werden: gemahlene Mandeln, Speisestärke, Soja-, Reis-, Mais- oder Buchweizenmehl. Diese enthalten überdies kein Gluten.

Eier

Eier binden den Teig und machen ihn reichhaltiger. Sie werden in verschiedenen Größen und Qualitäten angeboten. Wenn nicht anders angegeben, verwenden Sie Eier der Größe M. Sie sollten wie die anderen Zutaten zimmerwarm und möglichst frisch sein, damit der Teig nicht gerinnt oder an Lockerheit einbüßt. Eiweiß sollte in einer sauberen, trockenen Schüssel zu Eischnee geschlagen werden, da es bei der kleinsten Verunreinigung z. B. durch Eigelb oder Fett nicht richtig fest wird.

Weitere Zutaten

Dem Grundteig können viele weitere Zutaten hinzugefügt werden. Besonders beliebt sind Aromen wie Vanille, fein abgeriebene Zitronen- oder Orangenschale, Kaffee, Kakaopulver und geschmolzene Schokolade. Mit Nüssen, Trockenfrüchten, Saaten und Schokoladenstückchen verleiht man dem Kuchen nicht nur Aroma, sondern auch zusätzlichen Biss. Außerdem kann man ebenso frisches Obst und Früchte, wie Beeren, Bananen, Ananas, Kirschen, Äpfel, Birnen oder Aprikosen, verwenden, die entweder direkt in den Teig gemischt werden oder als Belag auf den Kuchen kommen.

Teigzubereitung

In diesem Band werden drei verschiedene Arten der Teigzubereitung vorgestellt, die sich in den Mengenverhältnissen und Verarbeitungsarten der Zutaten unterscheiden und jeweils zu einer ganz eigenen Teigkonsistenz und -textur führen. Leichte Abweichungen in den einzelnen Rezepten sind möglich.

Rührteig Typ A

Bei diesem Teig werden zunächst Butter und Zucker in einer Schüssel cremig gerührt. Dann werden die Eier einzeln sorgfältig untergerührt. Zuletzt werden Mehl, Backpulver und eventuell andere Trockenzutaten wie Kakaopulver darübergesiebt und untergezogen. Es ist auch möglich, alle Zutaten auf einmal zu verrühren (sogenannte All-in-Teige); in diesem Fall sollte die Butter allerdings sehr weich sein, da der Kuchen sonst nicht so locker wird.

Rührteig Typ B

Bei diesem Rührteig wird zunächst die Butter mit dem Zucker, Sirup oder Honig in einem Topf zerlassen. Nachdem die Masse etwas abgekühlt ist, werden die Eier einzeln sorgfältig untergerührt. Anschließend werden Mehl und Backpulver darübergesiebt und untergezogen. Kuchen aus diesem Rührteig zeichnen sich durch ihre saftige, kompakte Textur aus. Häufig werden sie mit Ingwer, Honig oder Trockenfrüchten verfeinert.

Biskuitteig

Für einen Biskuitteig werden zunächst Eier und Zucker zu einer blassgelben, cremig-schaumigen Masse gerührt. Dann wird das Mehl darübergesiebt, etwas zerlassene Butter hinzugefügt und beides sehr vorsichtig untergezogen. Aufgrund des niedrigen Fettgehalts wird der luftige Biskuitteig relativ schnell trocken und schmeckt deshalb frisch am besten. In manchen Rezepten werden die Eier getrennt und zunächst nur Eigelb und Zucker gerührt. Das Eiweiß wird zuletzt als Eischnee unter den Teig gehoben. Für diesen Teigtyp ist meist kein Backpulver nötig, da der Eischnee als Lockerungsmittel dient.

Backformen einfetten & mit Backpapier auslegen

Bevor der Teig zubereitet wird, sollte die Backform mit Butter oder Pflanzenöl eingefettet werden. Die dazu benötigte Fettmenge wird in der Zutatenliste der Rezepte nicht extra aufgeführt. Zudem sollte die Form mit Backpapier ausgelegt werden. Dies erleichtert das Herauslösen des Kuchens nach dem Backen. Wird nur der Boden ausgelegt, kann ein großes Stück Backpapier einfach zwischen Boden und Springformrand geklemmt werden. Wenn die Form ganz mit Backpapier ausgekleidet werden soll, einen Kreis in Bodengröße und zusätzlich einen Streifen für den Rand der Backform zurechtschneiden und andrücken.

Rühren, unterziehen & unterheben

Dies sind wichtige Begriffe beim Backen. Beim Rühren werden Zutaten in einer schnellen Rührbewegung zu einer gebundenen Masse verarbeitet. Werden Flüssigkeiten wie Eiweiß oder Sahne so gerührt, dass sie ihre Festigkeit verändern, spricht man auch von „schlagen". Zum Rühren und Schlagen ist ein elektrisches Handrührgerät oder eine Küchenmaschine zu empfehlen. Beim Unterziehen werden Zutaten mit feiner Substanz (z. B. Mehl) mithilfe eines Teigschabers oder eines großen Metalllöffels vorsichtig in einen Teig eingearbeitet. Unterheben bedeutet das lockere Untermischen von Zutaten wie Eischnee, Schlagsahne, gemahlenen Nüssen, Trockenfrüchten in einen Teig mithilfe eines Teigschabers, Metalllöffels oder Schneebesens.

Garprobe machen

Generell ist ein Kuchen gar, wenn er aufgegangen ist und sich bei Fingerdruck fest anfühlt. Ein fertig gebackener Rührteig zeigt sich bei Fingerdruck elastisch. Um sicherzugehen, dass ein Kuchen fertig gebacken ist, sollte ein Holzspieß in die Mitte des Kuchens gestochen werden. Wenn er sauber bleibt und kein Kuchenteig daran haftet, ist der Kuchen gar. Diese

Methode lässt sich jedoch nicht für alle Rezepte anwenden. Weiche, saftige Schokoladenkuchen bleiben beispielsweise immer ein wenig klebrig. Folgen Sie stets den Angaben im Rezept. Da die Ofentemperatur von Modell zu Modell variieren kann, sollten Sie einige Minuten vor Ablauf der angegebenen Backzeit die Garprobe machen. In manchen Öfen konzentriert sich die Hitze an bestimmten Stellen. Drehen Sie in diesem Fall den Kuchen nach der Hälfte der Backzeit im Ofen, um ein gleichmäßiges Garen zu gewährleisten. Bräunt der Kuchen zu schnell, decken Sie ihn mit einem Bogen Backpapier ab.

Kuchen garnieren

Verzierungen, Dekorationen und Füllungen verleihen Kuchen und Torten etwas Besonderes oder peppen einen einfachen Kuchen auf. Sei es mit einem Zuckerguss, einer Glasur oder Buttercreme, durch Bestäuben, Belegen, Bestreuen oder Einbacken – es gibt nahezu unendlich viele Möglichkeiten.

Bestreuen & belegen

Der Teig kann vor dem Backen beispielsweise mit ganzen Mandeln oder Walnusshälften belegt oder mit (Trocken-)Früchten, grobem Zucker usw. bestreut werden und erhält dadurch eine dekorative Oberfläche.

Füllen

Kuchen und Torten lassen sich ganz einfach füllen, z. B. mit Buttercreme, Ganache, Cremes, Konfitüre, Schlagsahne usw. Dazu den vollständig erkalteten Kuchen auf eine Kuchenplatte oder ein Schneidebrett legen, eine gespreizte Handfläche mit leichtem Druck auf die Oberfläche legen und den Kuchen mit einem langen Messer waagerecht in zwei Böden schneiden. Die Füllung auf einem Teigboden verstreichen, dann den zweiten Boden daraufsetzen. Alternativ können Sie zwei einzelne Teigböden backen und mit der Füllung wieder zusammensetzen.

Bestäuben

Einfach, aber sehr wirkungsvoll ist das Bestäuben eines Kuchens mit Puderzucker oder Kakaopulver. Hierzu ein wenig Puderzucker oder Kakao in ein kleines Haarsieb geben, über den Kuchen oder die Torte halten und leicht gegen das Sieb klopfen, um das Pulver gleichmäßig zu verteilen.

Überzüge

Viele Kuchen erhalten durch einen Überzug sowohl optisch als auch geschmacklich eine besondere Note, sei es durch einen Zuckerguss, eine Glasur, Creme oder Marzipandecke. Die verschiedenen Überzüge können geträufelt, gegossen, verstrichen oder auch aufgespritzt werden und erzeugen jeweils einen sehr unterschiedlichen Effekt.

Zuckerguss

Zuckerguss ist sehr einfach herzustellen und sieht vor allem auf schlichten Rührkuchen gut aus. Für einen Kuchen (20 cm Ø) 200 g Puderzucker in eine Schüssel sieben und mit etwa 2 Esslöffeln heißem Wasser oder Zitronensaft glatt rühren. Den Kuchen damit überziehen und trocknen lassen. Nach Belieben kann der Zuckerguss auch mit Speisefarbe eingefärbt werden.

Buttercreme

Buttercreme eignet sich nicht nur zum Verzieren, sondern auch zum Füllen von Kuchen und Torten. Für einen Kuchen (20 cm Ø) 100 g weiche Butter, 150 g Puderzucker und 1$\frac{1}{2}$ Esslöffel Milch glatt rühren und den Kuchen damit bestreichen oder füllen. Durch die Zugabe von $\frac{1}{2}$ Teelöffel Vanillearoma, der fein abgeriebenen Schale von 1 Zitrone oder Orange oder 1 Esslöffel Kakaopulver können der Buttercreme weitere Geschmacksnuancen hinzugefügt werden. Überdies kann sie mit Speisefarbe eingefärbt werden.

Frischkäsecreme

Diese Creme passt zu fast jedem Kuchen. Für einen Kuchen (20 cm Ø) werden 250 g Frischkäse, 170 g Puderzucker, die fein abgeriebene Schale von 1 Zitrone oder Limette und 2 Teelöffel Zitronen- oder Limettensaft glatt gerührt. Diese Creme kann vor dem Verstreichen ebenfalls eingefärbt werden.

Ganache

Diese reichhaltige Creme aus Sahne und Schokolade ist vermutlich die einfachste und zugleich feinste Schokoladenglasur. Für eine einfache, glatte Kuvertüre kann die Ganache direkt nach der Zubereitung über den Kuchen gegossen und verstrichen werden. Lässt man sie etwas abkühlen, wird Ganache etwas fester und cremiger und kann in dekorativen Mustern auf dem Kuchen aufgetragen werden. Für einen Kuchen (20 cm Ø) 100 g fein gehackte Zartbitterschokolade in eine hitzebeständige Schüssel geben. 80 g Sahne bis knapp unter den Siedepunkt erhitzen. Über die Schokolade gießen und 5 Minuten schmelzen lassen. Die Masse glatt rühren und entweder sofort verwenden oder etwas fester werden lassen.

Baiser

Baisermasse kann, wenn sie dick aufgetragen wird, im Ofen getrocknet und gebräunt werden. Wird sie dünner aufgetragen, kann sie auch einige Tage lufttrocknen, um hart und knusprig zu werden. Für einen Kuchen (20 cm Ø) 3 Eiweiß in einer sauberen, fettfreien Schüssel schaumig schlagen. Dann 2 Esslöffel Zitronensaft unterrühren. Nun portionsweise 175–200 g Puderzucker einarbeiten, bis eine cremige, glänzende Masse entstanden ist. Die Baisermasse auf dem Kuchen glatt streichen oder in einem Wellen- oder Tupfenmuster auftragen. Auch dieser Überzug kann mit Speisefarbe eingefärbt werden.

Marzipan

Ein von Marzipan umhüllter Kuchen ist nicht nur überaus dekorativ, er bleibt auch länger frisch. Marzipanrohmasse gibt es fertig im Handel, kann aber auch selbst zubereitet werden. Dazu 350 g gemahlene Mandeln mit 60 g Puderzucker mischen. Dann 1 großes verquirltes Ei und 1 Esslöffel Zitronensaft einarbeiten. Auf einer sauberen Arbeitsfläche zu einer glatten, weichen Masse kneten und bis zur Verwendung in Frischhaltefolie einschlagen.

Zusätzliche Verzierungen

Einen Kuchen kann man mit weiteren Details schmücken, die passend zum Anlass ausgewählt werden. So kann eine Torte für eine Silberhochzeit beispielsweise mit weißem Guss überzogen und mit silbernen Zuckerperlen verziert werden. An Halloween können Sie kleine Lakritzspinnen über den Kuchen krabbeln lassen.

Kandierte Blütenblätter

Blütenblätter von essbaren Blumen wie Rosen oder Veilchen mit Eiweiß bestreichen, in feinem Zucker wenden und trocknen lassen. Die Blüten wirken, als seien sie mit Raureif überzogen.

Schokoladenröllchen

Mit diesen eleganten Röllchen aus Schokolade können diverse Kuchen und Torten dekoriert werden. Dafür Schokolade in eine hitzebeständige Schüssel geben und im Wasserbad schmelzen. Auf einer Marmorplatte oder einer glatten Arbeitsfläche dünn verstreichen und fest werden lassen (nicht kalt stellen). Nun mit einem Metallspachtel im 45°-Winkel kurze Stücke abschaben. Die Schokolade rollt sich von selbst auf.

Schokoladenspäne

Noch einfacher herzustellen als Schokoladenröllchen sind Schokoladenspäne. Große Späne hobelt man mithilfe eines Sparschälers von einem Stück Schokolade ab, kleine Späne oder Raspel erhält man mithilfe einer Küchenreibe.

Dekorelemente

Sehr dekorativ auf Kuchen oder Torten wirken Zuckerperlen, -streusel und andere Dekorelemente, die es in den verschiedensten Formen und Farben in gut sortierten Supermärkten oder Fachgeschäften gibt.

Kuchen, die immer gelingen

Zwar hält sich hartnäckig das Gerücht, Backen sei schwierig, aber das ist schlicht falsch! Die Kuchenrezepte in diesem Kapitel beweisen das Gegenteil. Besonders für ungeübte und unerfahrene Anfänger sind sie ideal.

Blechkuchen mit Zitronencreme

Variationen auf Seite 50

Blechkuchen sind perfekt für Geburtstage oder große Feste, wenn es viele Gäste zu bewirten gilt. Diese zitronig frische Version mit Frischkäsecreme ist, mit ein paar Kerzen dekoriert, ein echter Augenschmaus.

Teig
170 g zimmerwarme Butter
140 g Feinstzucker
3 Eier
140 g Mehl
2½ TL Backpulver
2 EL Milch

fein abgeriebene Schale von 1 Zitrone
Zitronencreme
400 g Frischkäse
170 g Puderzucker, gesiebt
1 EL Zitronensaft
gelbe Speisefarbe

Den Backofen auf 180 °C vorheizen. Eine Backform (22 cm x 30 cm) einfetten und den Boden mit Backpapier auslegen.

Butter und Zucker cremig rühren, dann nach und nach die Eier unterrühren. Mehl und Backpulver mischen, über die Masse sieben und unterziehen. Schließlich Milch und Zitronenschale unterrühren. Den Teig in die vorbereitete Form füllen und glatt streichen. Im vorgeheizten Ofen 40 Minuten backen, bis der Kuchen aufgegangen ist und ein in die Mitte gestochener Holzspieß trocken und sauber bleibt. Etwa 10 Minuten in der Form abkühlen lassen, dann auf ein Kuchengitter stürzen und vollständig auskühlen lassen. Für die Creme Frischkäse, Puderzucker und Zitronensaft glatt rühren und mit wenig Speisefarbe hellgelb einfärben. Mit einem Palettmesser auf dem Kuchen verstreichen und ein Wellenmuster einziehen.

Ergibt ca. 20 Stück

Saftiger Rührkuchen

Variationen auf Seite 51

Klassischer Rührteig ist kinderleicht herzustellen. Je besser Butter, Zucker und Eier gerührt werden, desto feiner wird der Teig. Das Mehl wird allerdings nicht untergerührt, sondern untergezogen.

200 g zimmerwarme Butter
320 g Feinstzucker
6 Eier
280 g Mehl

$2^1/_2$ TL Backpulver
4 EL Milch
1 TL Vanillearoma
Puderzucker, zum Bestäuben

Den Backofen auf 180 °C vorheizen. Eine Springform (22 cm Ø) einfetten und den Boden mit Backpapier auslegen.

Butter und Zucker cremig rühren, dann nach und nach die Eier unterrühren. Mehl und Backpulver darübersieben und unterziehen. Anschließend Milch und Vanille unterrühren.

Den Teig in die vorbereitete Form füllen und mit einem Löffelrücken glatt streichen. Im vorgeheizten Ofen 1 Stunde backen, bis der Kuchen aufgegangen ist und ein in die Mitte gestochener Holzspieß trocken und sauber bleibt. Einige Minuten abkühlen lassen, dann aus der Form lösen und auf einem Kuchengitter vollständig auskühlen lassen. Vor dem Servieren mit etwas Puderzucker bestäuben.

Ergibt 8 Stück

Bananenkuchen

Variationen auf Seite 52

Dieser saftige Bananenkuchen wird mit einer köstlichen Frischkäsecreme überzogen. Besonders gut gelingt er mit Bananen, die zum Essen schon fast zu reif sind.

Teig	300 g brauner Zucker	Creme
2 sehr reife Bananen	150 g Mehl	200 g Frischkäse
2 Eier	1½ TL Backpulver	80 g Puderzucker, gesiebt
175 ml Pflanzenöl	1 TL Zimt	1 TL Zitronensaft
3 EL Milch	½ TL gemahlener Ingwer	

Den Backofen auf 180 °C vorheizen. Eine Springform (20 cm Ø) einfetten und den Boden mit Backpapier auslegen.

Die Bananen in einer großen Rührschüssel grob zerdrücken, dann die Eier unterrühren. Öl und Milch unterrühren. Den Zucker unter die Bananenmasse rühren. Mehl, Backpulver und Gewürze darübersieben und unterziehen.

Den Teig in die vorbereitete Form füllen. Im vorgeheizten Ofen 1 Stunde backen, bis der Kuchen aufgegangen ist und ein in die Mitte gestochener Holzspieß trocken und sauber bleibt. Etwa 10 Minuten abkühlen lassen, dann aus der Form lösen und auf einem Kuchengitter vollständig auskühlen lassen.

Für die Creme Frischkäse, Puderzucker und Zitronensaft glatt rühren und auf dem erkalteten Kuchen verstreichen.

Ergibt 8 Stück

Englischer Ingwerkuchen

Variationen auf Seite 53

Englischen Ingwerkuchen muss man einmal probiert haben. Damit er sein volles Aroma entwickeln kann, sollte der Kuchen, in Frischhaltefolie geschlagen, einige Tage ruhen.

330 g Mehl
$\frac{1}{2}$ TL Salz
1 EL Backpulver
1 TL Natron

2 TL gemahlener Ingwer
175 ml dunkler Zucker-
    rübensirup
175 ml heller Zuckerrübensirup

170 g Butter, gewürfelt
175 ml Milch
3 Stücke Ingwerpflaume in
    Sirup, grob gehackt

Den Backofen auf 180 °C vorheizen. Eine Springform (22 cm Ø) einfetten und den Boden mit Backpapier auslegen.

Mehl, Salz, Backpulver, Natron und Ingwer mischen und in eine große Schüssel sieben. In die Mitte eine Vertiefung drücken.

Sirup und Butter in einem Topf sanft erwärmen, bis die Butter geschmolzen und eine glatte Masse entstanden ist. Milch und Ingwerstückchen unterrühren. Die Mischung in die Vertiefung gießen und mit den Trockenzutaten zu einem glatten Teig rühren.

Den Teig in die vorbereitete Form füllen und im vorgeheizten Ofen 1$\frac{1}{2}$ Stunden backen, bis der Kuchen aufgegangen ist und sich bei Fingerdruck fest anfühlt. 10 Minuten abkühlen lassen, dann aus der Form lösen und auf einem Kuchengitter vollständig auskühlen lassen. Vor dem Servieren nach Belieben mit Puderzucker bestäuben.

Ergibt 8 Stück

Früchtekuchen

Variationen auf Seite 54

Bei diesem Rezept werden die Trockenfrüchte vor dem Backen in einer Mischung aus Tee, Zucker und Butter gekocht und eingeweicht. Dadurch wird der Kuchen besonders saftig.

350 g ungeschwefelte gemischte Trockenfrüchte	1³/₄ TL Backpulver
100 g brauner Rohrzucker	¹/₄ TL gemahlener Ingwer
150 ml schwarzer Tee	¹/₂ TL Zimt
120 g Butter	1 Prise frisch geriebene Muskatnuss
170 g Mehl	2 Eier, leicht verquirlt

Trockenfrüchte, Zucker, Tee und Butter in einem Topf aufkochen. Die Hitze reduzieren und unter häufigem Rühren 20 Minuten köcheln. Vom Herd nehmen und etwa 20 Minuten abkühlen lassen.

Den Backofen auf 170 °C vorheizen. Eine Springform (20 cm Ø) einfetten und den Boden mit Backpapier auslegen.

Mehl, Backpulver und Gewürze in eine Schüssel sieben. Früchtemischung und Eier zufügen und alles rasch verrühren. Den Teig in die Form füllen, glatt streichen und im Ofen 30 Minuten backen. Die Temperatur auf 150 °C reduzieren und weitere 1¹/₄–1¹/₂ Stunden backen, bis der Kuchen aufgegangen ist und ein in die Mitte gestochener Holzspieß trocken und sauber bleibt.

Den Kuchen 10 Minuten abkühlen lassen, dann aus der Form lösen und auf einem Kuchengitter vollständig auskühlen lassen.

Ergibt 8 Stück

Gefüllter Schokoladenkuchen

Variationen auf Seite 55

Es gibt fast niemanden, der Schokoladenkuchen nicht liebt. Mit diesem supereinfachen Rezept bringen Sie das Herz eines jedes Schokoladenfans zum Schmelzen.

170 g zimmerwarme Butter
140 g Feinstzucker
3 Eier
140 g Mehl

$1^1/_2$ TL Backpulver
3 EL Kakaopulver
4 EL Kirschkonfitüre
Kakaopulver, zum Bestäuben

Den Backofen auf 180 °C vorheizen. Zwei Springformen (20 cm Ø) einfetten und den Boden mit Backpapier auslegen.

Butter und Zucker cremig rühren. Nach und nach die Eier unterrühren. Mehl, Backpulver und Kakao darübersieben und unterziehen.

Den Teig in die vorbereiteten Formen füllen und mit einem Löffelrücken glatt streichen. Im vorgeheizten Ofen 20–25 Minuten backen, bis die Kuchen aufgegangen sind und ein in die Mitte gestochener Holzspieß trocken und sauber bleibt. Die Böden auf ein Kuchengitter stürzen und vollständig auskühlen lassen.

Vor dem Servieren einen Boden mit Kirschkonfitüre bestreichen. Den anderen daraufsetzen und mit Kakaopulver bestäuben.

Ergibt 8 Stück

Dattel-Walnuss-Kuchen

Variationen auf Seite 56

Dieser Kuchen ist einfach herzustellen und sehr aromatisch, aber nicht zu süß. Man kann ihn ohne Reue genießen, denn er enthält nicht ganz so viel Butter wie andere Rührkuchen.

100 g entsteinte Datteln, gehackt
1 EL flüssiger Honig, plus etwas mehr zum
  Bestreichen
175 ml kochendes Wasser
120 g zimmerwarme Butter

100 g brauner Zucker
1 Ei
80 g Walnusskerne, grob gehackt
230 g Mehl
2½ TL Backpulver

Datteln und Honig in einer Schüssel mit dem kochenden Wasser übergießen und 1 Stunde einweichen, bis die Mischung abgekühlt ist. Den Backofen auf 180 °C vorheizen. Eine Kastenform (22 cm x 12 cm) einfetten und den Boden mit Backpapier auslegen.

Butter und Zucker cremig rühren, dann das Ei unterrühren. Nach und nach die Datteln samt Einweichwasser hinzufügen und etwa drei Viertel der Nüsse unterrühren. Mehl und Backpulver mischen, in drei Portionen über die Masse sieben und unterziehen.

Den Teig in die vorbereitete Form füllen, mit einem Löffelrücken glatt streichen und mit den restlichen Nüssen bestreuen.

Im vorgeheizten Ofen etwa 1 Stunde backen, bis der Kuchen aufgegangen ist und ein in die Mitte gestochener Holzspieß trocken und sauber bleibt. 10 Minuten abkühlen lassen, dann auf ein Kuchengitter stürzen, mit dem Honig bestreichen und vollständig auskühlen lassen.

Ergibt ca. 15 Stück

Zitronenschnitten

Variationen auf Seite 57

Diese wunderbar zitronigen Schnitten sind im Handumdrehen zubereitet. Sie werden noch warm mit Zitronensirup getränkt und sind deshalb herrlich saftig.

Teig
120 g zimmerwarme Butter
130 g Feinstzucker
2 Eier (Größe L)
fein abgeriebene Schale von 1 Zitrone

120 g Mehl
1 TL Backpulver
Sirup
6 EL Feinstzucker
Saft von 1 Zitrone

Den Backofen auf 180 °C vorheizen. Eine quadratische Springform (20 cm Seitenlänge) einfetten und den Boden mit Backpapier auslegen.

Butter und Zucker cremig rühren. Nach und nach die Eier unterrühren, dann die Zitronenschale hinzufügen. Mehl und Backpulver darübersieben und unterziehen. Den Teig in die vorbereitete Form füllen und glatt streichen. Im vorgeheizten Ofen 20 Minuten backen, bis der Kuchen aufgegangen ist und ein in die Mitte gestochener Holzspieß trocken und sauber bleibt.

Die Form auf ein Kuchengitter stellen und den Kuchen gleichmäßig mit einem Spieß einstechen. Den Zucker im Zitronensaft unter Rühren auflösen und rasch über den Kuchen träufeln. Den Kuchen in der Form auskühlen lassen, dann vorsichtig stürzen und in Quadrate schneiden.

Ergibt 9–12 Stück

Vanillekuchen mit Buttercreme

Variationen auf Seite 58

In diesem kinderleichten Rezept wird ein durch Vanille aromatisierter Rührkuchen mit Buttercreme gefüllt und überzogen. Der Kuchen muss vor dem Auftragen der Creme vollständig erkaltet sein.

Teig
170 g zimmerwarme Butter
140 g Feinstzucker
3 Eier
140 g Mehl
1½ TL Backpulver

1 TL Vanillearoma
Buttercreme
250 g Puderzucker, gesiebt
120 g zimmerwarme Butter
¼ TL Vanillearoma
2 EL Milch

Den Backofen auf 180 °C vorheizen. Zwei Springformen (20 cm Ø) einfetten und den Boden mit Backpapier auslegen.

Butter und Zucker cremig rühren. Nach und nach die Eier unterrühren. Mehl und Backpulver darübersieben und unterziehen. Dann das Vanillearoma unterrühren. Den Teig in die vorbereiteten Formen füllen und mit einem Löffelrücken glatt streichen. Im vorgeheizten Ofen 20–25 Minuten backen, bis die Kuchen aufgegangen sind und ein in die Mitte gestochener Holzspieß trocken und sauber bleibt. Auf einem Kuchengitter vollständig auskühlen lassen.

Für die Buttercreme Puderzucker, Butter, Vanille und Milch cremig rühren. Die Teigböden mit knapp der Hälfte der Creme zusammensetzen. Mit der restlichen Creme überziehen.

Ergibt 8 Stück

Kirsch-Marzipan-Sandkuchen

Variationen auf Seite 59

Dieser mit Marzipan gefüllte Sandkuchen ist wunderbar saftig. Besonders köstlich schmeckt er zum Kaffee am Nachmittag.

170 g zimmerwarme Butter
140 g Feinstzucker
3 Eier
140 g Mehl
1½ TL Backpulver

80 g gemahlene Mandeln
80 g kandierte Kirschen, geviertelt
120 g Marzipanrohmasse, geraspelt
Puderzucker, zum Bestäuben

Den Backofen auf 180 °C vorheizen. Eine Kastenform (22 cm x 12 cm) einfetten und den Boden mit Backpapier auslegen.

Butter und Zucker cremig rühren, dann nach und nach die Eier unterrühren. Mehl und Backpulver darübersieben und zusammen mit den Mandeln unterziehen. Die Kirschen unter den Teig heben.

Die Hälfte des Teigs in die vorbereitete Form füllen, glatt streichen und mit dem Marzipan bestreuen. Dann den restlichen Teig einfüllen und die Oberfläche glatt streichen. Im Ofen etwa 45 Minuten backen. Den Kuchen mit Alufolie abdecken und weitere 25 Minuten backen, bis er aufgegangen ist und ein in die Mitte gestochener Holzspieß trocken und sauber bleibt.

Etwa 10 Minuten in der Form abkühlen lassen, dann auf ein Kuchengitter stürzen und vollständig auskühlen lassen. Vor dem Servieren mit Puderzucker bestäuben.

Ergibt ca. 15 Stück

Kalter Orangenkuchen

Variationen auf Seite 60

Der Ofen ist kaputt, aber ein Kuchen muss trotzdem her? Kein Problem! Dieser Schicht-kuchen wird über Nacht in den Kühlschrank gestellt und zergeht auf der Zunge.

60 g geröstete Haselnüsse, grob gehackt
250 g Mascarpone
2 EL Puderzucker, gesiebt
fein abgeriebene Schale von 1 Orange

Saft von 2 Orangen
80 g Löffelbiskuits
2 Orangen

Eine Kastenform (22 cm x 12 cm) so mit Frischhaltefolie auskleiden, dass sie weit über die Längskanten der Form ragt. Die Haselnüsse gleichmäßig auf dem Boden der Form verteilen.

Mascarpone, Puderzucker und Orangenschale glatt rühren. Nach und nach den Saft einarbei-ten. Gut ein Drittel der Masse auf den Nüssen verteilen und mit einer Schicht Löffelbiskuits bedecken. Die Orangen mit einem scharfen Messer so schälen, dass auch die weiße Innenschale vollständig abgelöst wird. Dann die Orangenfilets zwischen den Trennhäuten herausschneiden. Dabei den Saft auffangen. Die Orangenfilets auf den Löffelbiskuits verteilen.

Mit dem restlichen Mascarpone bedecken. Mit einer zweiten Schicht Löffelbiskuits belegen und mit dem aufgefangenen Orangensaft beträufeln. Den Kuchen mit der überlappenden Frischhaltefolie abdecken und diese mit den Fingern andrücken.

Etwa 4 Stunden in den Kühlschrank stellen. Den Kuchen in der Folie auf einen Teller stürzen, die Form entfernen und den Kuchen weitere 4 Stunden oder über Nacht kalt stellen.

Zum Servieren den Kuchen wieder in die Form geben und die Frischhaltefolie öffnen. Den Kuchen auf einen Teller stürzen und die Frischhaltefolie vorsichtig abziehen.

Ergibt ca. 15 Stück

Getränkter Limettenkuchen

Variationen auf Seite 61

Dieser einfache und erfrischende Kuchen schmeckt nicht nur zum Nachmittagskaffee, sondern auch bei einem Picknick im Grünen.

Teig
170 g zimmerwarme Butter
140 g Feinstzucker
3 Eier
140 g Mehl

1¹/₂ TL Backpulver
fein abgeriebene Schale und Saft von 2 Limetten
Sirup
fein abgeriebene Schale und Saft von 2 Limetten
60 g Feinstzucker

Den Backofen auf 180 °C vorheizen. Eine Kastenform (22 cm x 12 cm) einfetten und den Boden mit Backpapier auslegen.

Butter und Zucker cremig rühren. Nach und nach die Eier unterrühren. Mehl und Backpulver darübersieben und unterziehen, dann Limettenschale und -saft einarbeiten. Den Teig in die vorbereitete Form füllen und mit einem Löffelrücken glatt streichen. Im vorgeheizten Ofen 50 Minuten backen, bis der Kuchen aufgegangen ist und ein in die Mitte gestochener Holzspieß trocken und sauber bleibt. Etwa 5 Minuten in der Form abkühlen lassen, dann auf ein Kuchengitter stürzen und vollständig auskühlen lassen.

Für den Sirup Limettenschale, -saft und Zucker in einem Topf unter Rühren sanft erwärmen, bis der Zucker aufgelöst ist. Zum Kochen bringen und 1 Minute einkochen. Vom Herd nehmen und etwas abkühlen lassen, bis der Sirup leicht eindickt. Den noch warmen Kuchen damit tränken und vor dem Servieren mindestens 30 Minuten ziehen lassen.

Ergibt ca. 15 Stück

Variationen

Blechkuchen mit Zitronencreme

Grundrezept auf Seite 29

Schoko-Blechkuchen
Den Kuchen wie beschrieben zubereiten. Dabei zusätzlich 3 Esslöffel Kakaopulver mit dem Mehl sieben. Zitronenschale weglassen. Für die Creme zusätzlich 2 Esslöffel Kakaopulver unterrühren. Zitronensaft durch Milch ersetzen.

Vanille-Blechkuchen
Den Kuchen wie beschrieben zubereiten. Dabei die Zitronenschale durch 1½ Teelöffel Vanillearoma ersetzen. Für die Creme den Zitronensaft durch Milch ersetzen und zusätzlich 1 Teelöffel Vanillearoma unterrühren.

Bunter Blechkuchen
Den Kuchen wie beschrieben zubereiten. Dabei die Creme mit roter und blauer Speisefarbe lila einfärben und mit buntem Dekor wie Smarties oder Zuckerstreusel bestreuen.

Kaffee-Blechkuchen
Den Kuchen wie beschrieben zubereiten. Dabei die Zitronenschale im Teig und den Zitronensaft in der Creme durch jeweils 1 Esslöffel Instant-Kaffee, aufgelöst in 1 Esslöffel heißem Wasser, ersetzen. Mit Walnusshälften oder gerösteten Haselnüssen dekorieren.

Variationen

Saftiger Rührkuchen

Grundrezept auf Seite 31

Zitronenkuchen
Den Teig wie beschrieben zubereiten. Dabei das Vanillearoma durch die fein abgeriebene Schale von 1 Zitrone ersetzen.

Orangenkuchen
Den Kuchen wie beschrieben zubereiten. Dabei das Vanillearoma durch die fein abgeriebene Schale von 1 Orange ersetzen. Den erkalteten Kuchen gleichmäßig mit einem Spieß einstechen und mit gesüßtem Orangensaft tränken.

Kirschkuchen
Den Teig wie beschrieben zubereiten. Dabei zusätzlich 70 g gehackte kandierte Kirschen unterheben. Mit Zuckerguss überziehen.

Walnusskuchen
Den Teig wie beschrieben zubereiten. Dabei zusätzlich 60 g grob gehackte Walnüsse unterheben.

Schokokuchen
Den Kuchen wie beschrieben zubereiten. Dabei zusätzlich 4 Esslöffel Kakaopulver unter das Mehl mischen. Den erkalteten Kuchen mit Kuvertüre überziehen, fest werden lassen und mit Kakaopulver bestäuben.

Variationen

Bananenkuchen

Grundrezept auf Seite 32

Bananen-Ingwer-Kuchen
Den Teig wie beschrieben zubereiten. Dabei zusätzlich 2 gehackte Stücke Ingwerpflaume in Sirup mit der Milch zu den Bananen geben.

Einfacher Bananenkuchen
Den Kuchen wie beschrieben zubereiten. Dabei die Creme weglassen.

Bananen-Walnuss-Kuchen
Den Teig wie beschrieben zubereiten. Dabei zusätzlich 60 g grob gehackte Walnüsse unterheben.

Bananen-Pekannuss-Kuchen
Den Teig wie beschrieben zubereiten. Dabei zusätzlich 60 g grob gehackte Pekannüsse unterheben.

Bananen-Schoko-Kuchen
Den Kuchen wie beschrieben zubereiten. Dabei zusätzlich 100 g gehackte Zartbitterschokolade unterheben. Die Creme durch dunkle Kuvertüre ersetzen. Mit Bananenscheiben dekorieren.

Variationen

Englischer Ingwerkuchen

Grundrezept auf Seite 35

Heller Ingwerkuchen
Den Teig wie beschrieben zubereiten, anstelle von dunklem Zuckerrübensirup
jedoch zusätzlich 170 ml hellen Zuckerrübensirup verwenden.

Ingwer-Orangen-Kuchen
Den Teig wie beschrieben zubereiten. Dabei zusätzlich die fein abgeriebene
Schale von 1 Orange mit dem Ingwer unterheben.

Ingwer-Zitronen-Kuchen
Den Teig wie beschrieben zubereiten. Dabei die fein abgeriebene Schale von
1 Zitrone mit dem Ingwer unterheben.

Ingwer-Limetten-Kuchen
Den Teig wie beschrieben zubereiten. Dabei die fein abgeriebene Schale von
2 Limetten mit dem Ingwer unterheben.

Ingwer-Schoko-Kuchen
Den Teig wie beschrieben zubereiten. Dabei zusätzlich 140 g gehackte Zartbitterschokolade mit dem Ingwer unterheben.

Variationen

Früchtekuchen

Grundrezept auf Seite 36

Früchtekuchen mit Walnüssen
Den Teig wie beschrieben zubereiten. Dabei zusätzlich 50 g grob gehackte Walnüsse mit Früchtemischung und Eiern zum Mehl geben.

Früchtekuchen mit Mandeln
Den Teig wie beschrieben zubereiten. Dabei zusätzlich 3 Esslöffel Mandelstifte mit Früchtemischung und Eiern zum Mehl geben.

Aprikosen-Früchtekuchen
Den Teig wie beschrieben zubereiten. Dabei nur 200 g gemischte Trockenfrüchte und zusätzlich 150 g grob gehackte getrocknete Aprikosen verwenden.

Feigen-Früchtekuchen
Den Teig wie beschrieben zubereiten. Dabei nur 200 g gemischte Trockenfrüchte und zusätzlich 170 g grob gehackte getrocknete Feigen verwenden.

Backpflaumen-Früchtekuchen
Den Teig wie beschrieben zubereiten. Dabei nur 200 g gemischte Trockenfrüchte und zusätzlich 150 g grob gehackte Backpflaumen verwenden.

Variationen

Gefüllter Schokoladenkuchen

Grundrezept auf Seite 37

Schokoladen-Haselnuss-Biskuit
Den Kuchen wie beschrieben zubereiten. Zusätzlich 80 g gehackte Haselnüsse
unter den Teig heben. Die Konfitüre durch Nuss-Nougat-Creme ersetzen.

Schoko-Sahne-Biskuit
Den Kuchen wie beschrieben zubereiten. Zusätzlich 140 g steif geschlagene
Sahne auf der Kirschkonfitüre verstreichen.

Schoko-Orangen-Biskuit
Den Kuchen wie beschrieben zubereiten. Dabei zusätzlich die abgeriebene
Schale von 1 Orange unter den Teig heben. Die Kirschkonfitüre durch Oran-
genmarmelade ersetzen.

Einfacher Mokka-Biskuit
Den Kuchen wie beschrieben zubereiten. Zusätzlich 2 Teelöffel Instant-Kaffee,
aufgelöst in 1 Esslöffel heißem Wasser, in den Teig rühren. Die Kirschkonfitüre
durch 120 g steif geschlagene Sahne ersetzen.

Schoko-Biskuit mit Schokotröpfchen
Den Teig wie beschrieben zubereiten. Dabei zusätzlich 100 g Zartbitter-
Schokoladentropfen unter den Teig heben.

Variationen

Dattel-Walnuss-Kuchen

Grundrezept auf Seite 39

Weihnachtlicher Dattel-Walnuss-Kuchen
Den Teig wie beschrieben zubereiten. Dabei zusätzlich 1 Teelöffel Lebkuchengewürz unter das Mehl mischen.

Ingwer-Dattel-Walnuss-Kuchen
Den Teig wie beschrieben zubereiten. Dabei zusätzlich 3 grob gehackte
Stücke Ingwerpflaume in Sirup mit den Eiern und 1 Teelöffel gemahlenen
Ingwer mit dem Mehl unterziehen.

Feigen-Walnuss-Kuchen
Den Teig wie beschrieben zubereiten. Dabei die Datteln durch getrocknete
Feigen ersetzen.

Dattel-Pekannuss-Kuchen
Den Teig wie beschrieben zubereiten. Die Walnüsse durch Pekannüsse ersetzen.

Dattel-Paranuss-Kuchen
Den Teig wie beschrieben zubereiten. Die Walnüsse durch Paranüsse ersetzen.

Variationen

Zitronenschnitten

Grundrezept auf Seite 40

Limettenschnitten
Den Teig wie beschrieben zubereiten. Dabei Zitronenschale und -saft durch
fein abgeriebene Schale und Saft von 2 Limetten ersetzen.

Zitronenschnitten mit Passionsfrucht
Den Kuchen wie beschrieben zubereiten. Dabei den Zitronensirup durch
Passionsfruchtsirup ersetzen. Dazu das Fruchtfleisch von 6 Passionsfrüchten
durch ein Sieb streichen und mit 2 Esslöffeln Feinstzucker verrühren.

Zitronen-Dessertkuchen
Den Kuchen wie beschrieben zubereiten. Dabei nicht in Quadrate, sondern in
schmale Streifen schneiden und mit einem großzügigen Löffel Schlagsahne
garniert auf Desserttellern servieren.

Zitronenschnitten mit Trockenfrüchten
Den Teig wie beschrieben zubereiten. Dabei zusätzlich 75 g gemischte getrocknete Kirschen und Blaubeeren unterheben.

Variationen

Vanillekuchen mit Buttercreme

Grundrezept auf Seite 43

Schokoladenkuchen mit Vanillecreme
Den Kuchen wie beschrieben zubereiten. Dabei das Vanillearoma durch 2 Esslöffel Kakaopulver ersetzen und unter das Mehl mischen. Für die Creme das Vanillearoma durch 1½ Esslöffel Kakaopulver ersetzen.

Zitronenkuchen mit Buttercreme
Den Kuchen wie beschrieben zubereiten. Dabei das Vanillearoma durch die fein abgeriebene Schale von 1 Zitrone ersetzen. Für die Creme Vanillearoma durch abgeriebene Schale von ½ Zitrone und Milch durch Zitronensaft ersetzen.

Mandelkuchen mit Buttercreme
Den Kuchen wie beschrieben zubereiten. Dabei das Vanillearoma durch 30 g gemahlene Mandeln ersetzen. Für die Creme das Vanillearoma durch Bittermandelaroma ersetzen. Mit Mandelstiften dekorieren.

Vanillekuchen mit Erdbeer-Buttercreme
Den Kuchen wie beschrieben zubereiten. Dabei einen Boden zusätzlich mit 4 Esslöffeln Erdbeerkonfitüre bestreichen.

Vanillekuchen mit Johannisbeer-Buttercreme
Den Kuchen wie beschrieben zubereiten. Dabei einen Boden zusätzlich mit 4 Esslöffeln Schwarze-Johannisbeer-Konfitüre bestreichen.

Kirsch-Marzipan-Sandkuchen

Grundrezept auf Seite 44

Apfelkuchen
Den Teig wie beschrieben zubereiten. Dabei Marzipan, Kirschen und Mandeln durch 320 g geschälte, klein gewürfelte Äpfel und die fein abgeriebene Schale von 1 Zitrone ersetzen.

Kirsch-Zitronen-Kuchen
Den Teig wie beschrieben zubereiten. Dabei zusätzlich die fein abgeriebene Schale von 1 Zitrone mit den Kirschen unterheben. Das Marzipan weglassen.

Kirsch-Mandel-Kuchen
Den Teig wie beschrieben zubereiten. Dabei das Marzipan weglassen.

Schoko-Marzipan-Kuchen
Den Teig wie beschrieben zubereiten. Dabei die Kirschen durch 140 g gehackte Zartbitterschokolade ersetzen.

Backpflaumen-Marzipan-Kuchen
Den Teig wie beschrieben zubereiten. Dabei die Kirschen durch 200 g grob gehackte Backpflaumen ersetzen.

Variationen

Kalter Orangenkuchen

Grundrezept auf Seite 46

Kalter Orangen-Pistazien-Kuchen
Den Kuchen wie beschrieben zubereiten. Dabei die Haselnüsse durch grob
gehackte Pistazien ersetzen.

Kalter Orangen-Mandel-Kuchen
Den Kuchen wie beschrieben zubereiten. Dabei die Haselnüsse durch grob
gehackte Mandeln ersetzen.

Kalter Orangen-Pfirsich-Kuchen
Den Kuchen wie beschrieben zubereiten. Dabei die Orangenfilets durch
2 gehäutete und in Scheiben geschnittene Pfirsiche ersetzen.

Kalter Erdbeerkuchen
Den Kuchen wie beschrieben zubereiten. Dabei die Orangenfilets durch
300 g in Scheiben geschnittene Erdbeeren ersetzen.

Kalter Himbeerkuchen
Den Kuchen wie beschrieben zubereiten. Dabei die Orangenfilets durch
300 g leicht zerdrückte Himbeeren ersetzen.

Variationen

Getränkter Limettenkuchen

Grundrezept auf Seite 49

Limetten-Kokos-Kuchen
Den Teig wie beschrieben zubereiten. Dabei zusätzlich 80 g Kokosraspel mit dem Mehl unterziehen.

Limetten-Pistazien-Kuchen
Den Kuchen wie beschrieben zubereiten. Dabei zusätzlich 60 g grob gehackte Pistazien unter den Teig heben und 50 g grob gehackte Pistazien in den Sirup geben.

Limetten-Blaubeer-Kuchen
Den Teig wie beschrieben zubereiten. Dabei zusätzlich 100 g getrocknete Blaubeeren unterheben.

Limetten-Cranberry-Kuchen
Den Teig wie beschrieben zubereiten. Dabei zusätzlich 100 g getrocknete Cranberrys unterheben.

Glasierter Limettenkuchen
Den Kuchen wie beschrieben zubereiten. Dabei den Limettensirup durch Limettenglasur ersetzen. Dafür fein abgeriebene Schale und Saft von 1 Limette mit 100 g gesiebtem Puderzucker glatt rühren und den Kuchen damit überziehen.

Kuchenklassiker

Wenn man an Kuchen denkt, fallen einem häufig

die alten Klassiker ein, die man schon als Kind

kannte und liebte, wie Marmorkuchen oder die gute

alte Biskuitrolle mit Konfitürefüllung. In diesem

Kapitel stellen wir Ihnen einige Bekannte in moder-

nem Gewand vor.

Rüblikuchen

Variationen auf Seite 87

Von diesem Schweizer Kuchenklassiker gibt es unzählige Variationen. Diese hier ist mit Orange, Zimt und Ingwer verfeinert. Geraspelte Karotten halten den Kuchen lange frisch.

Teig		Frischkäsecreme
150 g brauner Zucker	1 TL Zimt	200 g Frischkäse
50 g Feinstzucker	$\frac{1}{2}$ TL gemahlener Ingwer	1 TL Zitronensaft
240 ml Pflanzenöl	230 g Mehl	80 g Puderzucker, gesiebt
3 Eier	$2\frac{1}{2}$ TL Backpulver	
fein abgeriebene Schale von	2 große Karotten, gerieben	
1 Orange	80 g gehackte Walnüsse	

Den Backofen auf 180 °C vorheizen. Eine Springform (20 cm Ø) einfetten und den Boden mit Backpapier auslegen.

Beide Zuckersorten, Öl und Eier schaumig rühren. Orangenschale, Zimt und Ingwer unterrühren. Mehl und Backpulver darübersieben und unterziehen. Nun Karotten und Walnüsse unterheben. Den Teig in die vorbereitete Form füllen und die Oberfläche glatt streichen. Im vorgeheizten Ofen 1–1$\frac{1}{4}$ Stunden backen, bis der Kuchen aufgegangen ist und ein in die Mitte gestochener Holzspieß trocken und sauber bleibt. Auf einem Kuchengitter vollständig auskühlen lassen.

Für die Creme Frischkäse, Zitronensaft und Puderzucker glatt rühren und auf dem erkalteten Kuchen verstreichen.

Ergibt 8 Stück

Madeira-Kuchen

Variationen auf Seite 88

Manchmal sind die einfachsten Kuchen die besten – so auch dieser. Sein Name stammt aus dem 19. Jahrhundert, als man diesen Kuchen mit einem Glas Madeira zu servieren pflegte. Zu einer Tasse Tee oder Kaffee schmeckt er allerdings auch ganz gut.

230 g zimmerwarme Butter	200 g Mehl
140 g Feinstzucker, plus 1–2 TL zum Bestreuen	$1^{3}/_{4}$ TL Backpulver
3 Eier (Größe L)	fein abgeriebene Schale und Saft von 1 Zitrone

Den Backofen auf 160 °C vorheizen. Eine Kastenform (22 cm x 12 cm) einfetten und den Boden mit Backpapier auslegen.

Butter und Zucker cremig rühren, dann nach und nach die Eier unterrühren. Mehl und Backpulver darübersieben und unterziehen. Zuletzt Zitronenschale und -saft unterrühren.

Den Teig in die vorbereitete Form füllen und mit einem Löffelrücken glatt streichen. Mit 1–2 Teelöffeln Zucker bestreuen und im vorgeheizten Ofen etwa 55 Minuten backen, bis der Kuchen aufgegangen ist und ein in die Mitte gestochener Holzspieß trocken und sauber bleibt.

Etwa 10 Minuten in der Form abkühlen lassen, dann auf ein Kuchengitter stürzen und vollständig auskühlen lassen.

Ergibt ca. 15 Stück

Victoria-Torte

Variationen auf Seite 89

Diese nach Königin Victoria benannte Torte ist in Großbritannien überaus beliebt. Traditionell werden zwei Teigböden mit Konfitüre und Buttercreme zusammengesetzt und mit Puderzucker bestäubt. Diese Version lockt mit Himbeeren und Schlagsahne.

Teig	140 g Mehl	Füllung
170 g zimmerwarme Butter	1½ TL Backpulver	3½ EL Himbeerkonfitüre
140 g Feinstzucker	Puderzucker, zum Bestäuben	200 g frische Himbeeren
3 Eier		120 g Sahne

Den Backofen auf 180 °C vorheizen. Zwei Springformen (20 cm Ø) einfetten und den Boden mit Backpapier auslegen. Butter und Zucker cremig rühren. Nach und nach die Eier unterrühren. Mehl und Backpulver darübersieben und unterziehen.

Den Teig in die vorbereiteten Formen füllen und mit einem Löffelrücken glatt streichen. Im vorgeheizten Ofen 20–25 Minuten backen, bis die Kuchen bei leichtem Fingerdruck elastisch nachgeben. Auf ein Kuchengitter stürzen, das Backpapier vorsichtig abziehen und die Böden vollständig auskühlen lassen.

Vor dem Servieren einen Boden mit Konfitüre bestreichen und mit den Himbeeren belegen. Die Sahne steif schlagen und auf den Himbeeren verstreichen.

Den zweiten Boden daraufsetzen und mit Puderzucker bestäuben. Sofort servieren.

Ergibt 8 Stück

Dundee Cake

Variationen auf Seite 90

Der Dundee Cake ist ein traditioneller schottischer Weihnachtskuchen, der erst richtig gut schmeckt, wenn er eine Woche im Voraus zubereitet wird.

170 g Butter
100 g Feinstzucker
50 g brauner Zucker
3 Eier
fein abgeriebene Schale von 1 Orange
140 g Mehl

2^1/$_2$ TL Backpulver
2 EL Weinbrand
200 g gemischte Rosinen, Sultaninen und Korinthen
30 g kandierte Kirschen, halbiert
30 g ganze abgezogene Mandeln

Den Backofen auf 160 °C vorheizen. Eine Springform (18 cm Ø) einfetten und den Boden mit Backpapier auslegen. Butter und beide Zuckersorten cremig rühren, dann nach und nach die Eier unterrühren. Die Orangenschale einarbeiten. Mehl und Backpulver darübersieben und unterziehen. Nacheinander Weinbrand, Trockenfrüchte und kandierte Kirschen unterheben.

Den Teig in die vorbereitete Form füllen, die Oberfläche glatt streichen und dekorativ mit den Mandeln belegen. Im vorgeheizten Ofen 1 Stunde 10 Minuten backen, bis der Kuchen aufgegangen ist und ein in die Mitte gestochener Holzspieß trocken und sauber bleibt.

Etwa 20 Minuten abkühlen lassen, dann aus der Form lösen und auf einem Kuchengitter vollständig auskühlen lassen. Den Kuchen in Alufolie schlagen und bis zum Servieren in einem luftdicht schließenden Behälter aufbewahren.

Ergibt 8 Stück

Mokka-Walnuss-Torte

Variationen auf Seite 91

Seit Generationen beliebt und ein Muss für jede festliche Kaffeetafel ist diese Kombination aus saftigem Nusskuchen und köstlicher Mokka-Buttercreme.

Teig
170 g zimmerwarme Butter
140 g Feinstzucker
3 Eier
140 g Mehl
1½ TL Backpulver

80 g Walnüsse, gehackt
2½ TL Instant-Kaffee, aufge-
    löst in 1 EL heißem Wasser
Buttercreme
2 EL Milch
2 TL Instant-Kaffee

100 g zimmerwarme Butter
125 g Puderzucker, gesiebt
Walnusshälften, zum
    Dekorieren

Den Backofen auf 180 °C vorheizen. Zwei Springformen (20 cm Ø) einfetten und den Boden mit Backpapier auslegen. Butter und Zucker cremig rühren, dann nach und nach die Eier unterrühren. Mehl und Backpulver darübersieben und unterziehen. Nun Walnüsse und Kaffee unterheben. Den Teig in die Formen füllen und glatt streichen. Im Ofen 20–25 Minuten backen, bis die Kuchen bei leichtem Fingerdruck elastisch nachgeben. Auf einem Kuchengitter auskühlen lassen.

Für die Buttercreme Milch und Kaffee in einem Topf erwärmen und rühren, bis der Kaffee aufgelöst ist. In eine Schüssel gießen und lauwarm abkühlen lassen. Butter und Puderzucker hinzufügen und cremig rühren. Die Teigböden mit knapp der Hälfte der Creme zusammensetzen. Mit der restlichen Creme überziehen und die Oberseite mit Walnusshälften dekorieren.

Ergibt 8 Stück

Gestürzter Ananaskuchen

Variationen auf Seite 92

Ein alter Klassiker, der nicht außer Mode kommt – kein Wunder, denn er ist einfach herrlich saftig.

3 EL brauner Zucker
4 Ananasscheiben aus der Dose, abgetropft
2 kandierte Kirschen, halbiert
125 g zimmerwarme Butter
100 g Feinstzucker

2 Eier
fein abgeriebene Schale von 1 Zitrone
80 g Mehl
1½ TL Backpulver
2 EL Ananassaft

Den Backofen auf 180 °C vorheizen. Eine Springform (20 cm Ø) gut einfetten, dann den Boden mit dem braunen Zucker bestreuen. Die Ananasringe hineinlegen und je 1 Kirschhälfte in die Ringe setzen.

Butter und Zucker cremig rühren. Nach und nach die Eier und die Zitronenschale unterrühren. Mehl und Backpulver darübersieben und sorgfältig unterziehen. Den Ananassaft unterrühren.

Den Teig in die vorbereitete Form füllen und mit einem Löffelrücken glatt streichen. Im vorgeheizten Ofen 25–30 Minuten backen, bis der Kuchen aufgegangen ist und ein in die Mitte gestochener Holzspieß trocken und sauber bleibt. Etwa 15 Minuten in der Form abkühlen lassen, dann vorsichtig auf eine Kuchenplatte stürzen. Warm oder kalt servieren.

Ergibt 8 Stück

Biskuittorte mit Himbeeren

Variationen auf Seite 93

Die Wiener Masse – ein im Wasserbad aufgeschlagener Biskuit – ist gar nicht so kompliziert, wie es scheint. Am selben Tag serviert, schmeckt diese Torte am besten.

3 Eier
60 g Feinstzucker
60 g Mehl
½ TL Backpulver

3 EL zerlassene Butter
320 g Sahne
500 g frische Himbeeren

Den Backofen auf 180 °C vorheizen. Zwei Springformen (18 cm Ø) einfetten und den Boden mit Backpapier auslegen.

Eier und Zucker in eine Schüssel geben und auf einen Topf mit siedendem Wasser setzen. Die Schüssel darf nicht in Kontakt mit dem Wasser kommen. Etwa 10 Minuten kräftig rühren, bis eine blassgelbe, cremige Masse entsteht und der Schneebesen beim Rühren eine Spur hinterlässt.

Mehl und Backpulver mischen. Etwa drei Viertel des Mehls über die Eiermasse sieben und unterziehen. Das restliche Mehl darübersieben. Die Butter portionsweise dazugießen und vorsichtig unterheben. Den Teig in die vorbereiteten Formen füllen und etwa 30 Minuten backen, bis die Kuchen aufgegangen sind und ein in die Mitte gestochener Holzspieß trocken und sauber bleibt. Auf ein Kuchengitter stürzen und vollständig auskühlen lassen.

Vor dem Servieren die Sahne steif schlagen. Die beiden Böden mit je der Hälfte der Sahne bestreichen und der Hälfte der Himbeeren belegen, dann aufeinandersetzen.

Ergibt 8 Stück

Marmorkuchen

Variationen auf Seite 94

Besonders Kinder lieben diesen Kuchen, dessen Marmoreffekt von Stück zu Stück anders ist. Diese Version wird zusätzlich mit einer Schokoladencreme überzogen und mit Schokoladentropfen verziert.

Teig
170 g zimmerwarme Butter
140 g Feinstzucker
3 Eier
140 g Mehl
1½ TL Backpulver
1 TL Vanillearoma
2 EL Kakaopulver

Schokoladencreme
80 g zimmerwarme Butter
150 g Puderzucker, gesiebt
1 EL Kakaopulver, gesiebt
1–2 EL Milch
2 EL Zartbitter-Schokoladentropfen, zum Dekorieren
2 EL weiße Schokoladentropfen, zum Dekorieren

Den Backofen auf 180 °C vorheizen. Eine Springform (20 cm Ø) einfetten und den Boden mit Backpapier auslegen. Butter und Zucker cremig rühren, dann nach und nach die Eier unterrühren. Mehl und Backpulver darübersieben und unterziehen. Die Hälfte des Teiges in eine zweite Schüssel füllen. Unter die eine Hälfte das Vanillearoma rühren. Den Kakao über die zweite Portion sieben und unterziehen. Die Teige abwechselnd esslöffelweise in die Form füllen. Dann einen Spieß spiralförmig durch den Teig ziehen, um den Marmoreffekt zu erzielen. Im Ofen 45 Minuten backen, bis der Kuchen aufgegangen und goldgelb ist. Auf einem Kuchengitter auskühlen lassen.

Für die Schokoladencreme Butter, Zucker, Kakao und 1 Esslöffel Milch glatt rühren. Bei Bedarf mehr Milch hinzufügen. Die Creme auf dem Kuchen verstreichen. Zum Dekorieren mit den Schokoladentropfen bestreuen.

Ergibt 8 Stück

Orangen-Mohn-Kuchen

Variationen auf Seite 95

Dieser erfrischend-saftige Kuchen mit Mascarpone-Creme versüßt jede Kaffeepause.

Teig
170 g zimmerwarme Butter
140 g Feinstzucker
fein abgeriebene Schale von 1½ Orangen
3 Eier
175 g Mehl

1¾ TL Backpulver
2½ EL Mohnsamen
Mascarpone-Creme
2 Orangen
250 g Mascarpone
60 g Puderzucker, gesiebt

Den Backofen auf 180 °C vorheizen. Eine Springform (24 cm Ø) einfetten und den Boden mit Backpapier auslegen.

Butter, Zucker und Orangenschale cremig rühren, dann nach und nach die Eier unterrühren. Mehl und Backpulver darübersieben und unterziehen. Schließlich den Mohn unterheben. Den Teig in die vorbereitete Form füllen und im vorgeheizten Ofen etwa 50 Minuten backen, bis der Kuchen aufgegangen ist und ein in die Mitte gestochener Holzspieß trocken und sauber bleibt. Etwa 5 Minuten abkühlen lassen, dann aus der Form lösen und auf einem Kuchengitter vollständig auskühlen lassen.

Für die Creme die Orangenschale fein abreiben. Die Orangen mit einem scharfen Messer großzügig schälen und die Orangenfilets herausschneiden. Mascarpone, Puderzucker und Orangenschale glatt rühren. Dekorativ auf dem Kuchen verstreichen und vor dem Servieren mit den Orangenfilets belegen.

Ergibt 8–10 Stück

Schokoladencremetorte

Variationen auf Seite 96

Diese unwiderstehliche Schokoladentorte ist auf jeden Fall eine Sünde wert. Sie zergeht auf der Zunge und hinterlässt ein wohliges Gefühl der Zufriedenheit.

Teig
170 g Butter
240 g Feinstzucker
80 g Kakaopulver
300 ml Milch
3 Eier
200 g Mehl

1$\frac{1}{2}$ TL Backpulver
$\frac{1}{2}$ TL Salz
Ganache
200 g Zartbitterschokolade, fein gehackt
30 g Butter, gewürfelt
200 g Sahne

Den Backofen auf 180 °C vorheizen. Zwei Springformen (24 cm Ø) einfetten und den Boden mit Backpapier auslegen.

Butter und Zucker cremig rühren. Kakao mit etwas Milch in einer Schale glatt rühren. Sorgfältig in die Buttermasse einarbeiten. Nach und nach die Eier unterrühren. Mehl, Backpulver und Salz mischen. Etwa die Hälfte des Mehls über den Teig sieben und unterziehen. Die restliche Milch einarbeiten. Dann das restliche Mehl darübersieben und unterziehen. Den Teig in die Formen füllen und etwa 25 Minuten backen, bis die Kuchen aufgegangen sind und ein in die Mitte gestochener Holzspieß trocken und sauber bleibt. Etwa 5 Minuten abkühlen lassen, dann aus den Formen lösen und auf einem Kuchengitter vollständig auskühlen lassen.

Für die Ganache Schokolade und Butter in eine Schüssel geben. Die Sahne bis knapp unter den Siedepunkt erhitzen. Über Schokolade und Butter gießen und 5 Minuten schmelzen

lassen. Die Masse glatt rühren und leicht abkühlen lassen, bis sie eine streichfähige Konsistenz hat. Die Teigböden mit knapp der Hälfte der Ganache zusammensetzen und mit der restlichen Ganache überziehen.

Ergibt 8–10 Stück

Mokka-Schokoladen-Kuchen

Variationen auf Seite 97

Schokolade innen, Schokolade außen – dieser reichhaltige Kuchen ist das Nonplusultra für alle Schokoladensüchtigen.

Teig
140 g Zartbitterschokolade, gehackt
230 g Butter, gewürfelt
350 g Feinstzucker
250 ml Milch

2 EL Instant-Kaffee
2 Eier
180 g Mehl
$\frac{1}{2}$ TL Backpulver
2 EL Kakaopulver

Ganache
100 g Zartbitterschokolade, fein gehackt
80 g Sahne

Den Backofen auf 170 °C vorheizen. Eine Springform (20 cm Ø) einfetten und den Boden mit Backpapier auslegen. Schokolade, Butter, Zucker, Milch und Kaffee in einen großen Topf geben. Bei niedriger Hitze unter Rühren erwärmen, bis Butter und Schokolade geschmolzen sind und die Masse glatt ist. Vom Herd nehmen und 15 Minuten abkühlen lassen.

Die Eier unterrühren. Mehl, Backpulver und Kakao darübersieben und unterziehen. Den Teig in die Form füllen und im vorgeheizten Ofen etwa 1 $\frac{1}{2}$ Stunden backen. Etwa 30 Minuten abkühlen lassen, dann aus der Form lösen und auf einem Kuchengitter auskühlen lassen.

Für die Ganache die Schokolade in eine Schüssel geben. Die Sahne bis knapp unter den Siedepunkt erhitzen, über die Schokolade gießen und 5 Minuten schmelzen lassen. Glatt rühren, dann abkühlen und etwas fester werden lassen. Den Kuchen gleichmäßig mit der Ganache überziehen.

Ergibt 8 Stück

Himbeerrolle

Variationen auf Seite 98

Fruchtig gefüllte Biskuitrollen sind stets sehr beliebt. Hier sorgt die süße Füllung aus Himbeerkonfitüre und frischen Himbeeren für strahlende Augen. Die Biskuitrolle schmeckt frisch am besten.

3 Eier
140 g Feinstzucker, plus etwas mehr zum
   Bestreuen
60 g Mehl
$^1/_2$ TL Backpulver

1 EL gemahlene Mandeln
4 EL Himbeerkonfitüre
200 g frische Himbeeren
Puderzucker, zum Bestäuben

Den Backofen auf 220 °C vorheizen. Eine flache Backform (22 cm x 32 cm) einfetten und den Boden mit Backpapier auslegen. Eier und Zucker etwa 10 Minuten schaumig rühren, bis eine blassgelbe, cremige Masse entsteht und der Schneebesen beim Rühren eine Spur hinterlässt. Mehl und Backpulver darübersieben, die Mandeln hinzufügen und unter die Eimasse ziehen. Den Teig in die vorbereitete Form füllen und gut bis in die Ecken verstreichen. Im vorgeheizten Ofen 10 Minuten backen. Unterdessen ein Stück Backpapier (etwas größer als die Form) auf eine Arbeitsfläche legen und mit Zucker bestreuen.

Den Biskuit auf den Zucker stürzen, das Backpapier ablösen und die Ecken abschneiden. So lässt sich der Biskuit leichter rollen. Den noch heißen Biskuit mit der Konfitüre bestreichen und mit den Himbeeren belegen. Mithilfe des Backpapiers vorsichtig fest aufrollen und etwa 5 Minuten ruhen lassen. Dann auf ein Kuchengitter heben und vollständig auskühlen lassen. Vor dem Servieren mit Puderzucker bestäuben.

Ergibt ca. 15 Stück

Napfkuchen

Variationen auf Seite 99

Wird Rührteig in einer Kranz- oder Ringform gebacken, kann man das Resultat als Napfkuchen bezeichnen. Diese Version wird aus einem Rührteig mit braunem Zucker zubereitet und kann mit einer hübschen weißen Glasur überzogen werden.

Teig	4 Eier	2 EL Milch
230 g Butter	200 g Mehl, plus etwas mehr	Zuckerguss
150 g brauner Zucker	zum Bestäuben	170 g Puderzucker, gesiebt
50 g Feinstzucker	2 TL Backpulver	2 EL Zitronensaft

Den Backofen auf 180 °C vorheizen. Eine Ringform (24 cm Ø) einfetten und mit etwas Mehl bestäuben.

Butter und beide Zuckersorten cremig rühren, dann nach und nach die Eier unterrühren. Mehl und Backpulver darübersieben und unterziehen, dann die Milch unterrühren. Den Teig in die vorbereitete Form füllen und mit einem Löffelrücken glatt streichen.

Im vorgeheizten Ofen 50–60 Minuten backen. Einige Minuten in der Form abkühlen lassen, dann auf ein Kuchengitter stürzen und vollständig auskühlen lassen.

Für den Zuckerguss Puderzucker und Zitronensaft zu einer glatten, dickflüssigen Masse rühren. Über den erkalteten Kuchen gießen und an den Seiten herunterlaufen lassen.

Ergibt ca. 15 Stück

Variationen

Rüblikuchen

Grundrezept auf Seite 63

Karotten-Kardamom-Kuchen
Den Teig wie beschrieben zubereiten. Dabei den Zimt durch gemahlenen
Kardamom ersetzen.

Karotten-Ingwer-Kuchen
Den Kuchen wie beschrieben zubereiten. Dabei zusätzlich 3 gehackte Stücke
Ingwerpflaume in Sirup unter den Teig heben und 1 Stück fein gehackte
Ingwerpflaume in die Glasur rühren.

Karottenkuchen ohne Nüsse
Den Teig wie beschrieben zubereiten. Dabei die Walnüsse weglassen.

Karotten-Bananen-Kuchen
Den Kuchen wie beschrieben zubereiten. Dabei vor dem Servieren zusätzlich
50 g getrocknete Bananenchips auf der Glasur verteilen.

Karotten-Rote-Bete-Kuchen
Den Teig wie beschrieben zubereiten. Dabei 1 geriebene Karotte durch
1 geriebene Rote Bete ersetzen.

Variationen

Madeira-Kuchen

Grundrezept auf Seite 64

Orangen-Madeira-Kuchen
Den Teig wie beschrieben zubereiten. Dabei Zitronenschale und -saft durch die fein abgeriebene Schale und den Saft von 1 Orange ersetzen.

Kirsch-Madeira-Kuchen
Den Teig wie beschrieben zubereiten. Dabei zusätzlich 100 g entsteinte Kirschen unterheben.

Fruchtiger Madeira-Kuchen
Den Teig wie beschrieben zubereiten. Zusätzlich 100 g Sultaninen unterheben.

Vanille-Madeira-Kuchen
Den Teig wie beschrieben zubereiten. Dabei die Zitronenschale durch 1 Teelöffel Vanillearoma ersetzen.

Mohn-Madeira-Kuchen
Den Teig wie beschrieben zubereiten. Dabei zusätzlich 2 Esslöffel Mohnsamen unterheben.

Variationen

Victoria-Torte

Grundrezept auf Seite 67

Victoria-Torte mit Blaubeeren
Die Torte wie beschrieben zubereiten. Dabei die Himbeerkonfitüre durch
Heidelbeerkonfitüre und die Himbeeren durch Heidelbeeren ersetzen.

Victoria-Torte mit Erdbeeren
Die Torte wie beschrieben zubereiten. Dabei die Himbeerkonfitüre durch
Erdbeerkonfitüre und die Himbeeren durch Erdbeeren ersetzen.

Einfache Victoria-Torte
Die Torte wie beschrieben zubereiten. Dabei Himbeeren und Sahne weglassen.

Victoria-Torte mit schwarzen Johannisbeeren
Die Torte wie beschrieben zubereiten. Dabei die Himbeerkonfitüre durch
Schwarze-Johannisbeer-Konfitüre ersetzen. Die Beeren weglassen.

Victoria-Torte mit Pfirsich
Die Torte wie beschrieben zubereiten. Dabei die Himbeerkonfitüre durch
Pfirsichkonfitüre und die Himbeeren durch Pfirsichscheiben ersetzen.

Variationen

Dundee Cake

Grundrezept auf Seite 68

Dundee Cake mit Datteln & Aprikosen
Den Teig wie beschrieben zubereiten. Dabei zusätzlich je 75 g gehackte getrocknete Datteln und Aprikosen unterheben.

Würziger Dundee Cake
Den Teig wie beschrieben zubereiten. Dabei zusätzlich 1 Teelöffel Lebkuchengewürz unter das Mehl mischen.

Dundee Cake mit Kaffee
Den Teig wie beschrieben zubereiten. Dabei die Orangenschale durch 2 Teelöffel Instant-Kaffee, aufgelöst in 1 Esslöffel heißem Wasser, ersetzen.

Dundee Cake mit Walnüssen
Den Kuchen wie beschrieben zubereiten. Dabei die Mandeln durch Walnusshälften ersetzen.

Einfacher Früchtekuchen
Den Teig wie beschrieben zubereiten. Dabei die Mandeln weglassen.

Variationen

Mokka-Walnuss-Torte

Grundrezept auf Seite 71

Mokka-Pekannuss-Torte
Die Torte wie beschrieben zubereiten. Die Walnüsse durch Pekannüsse ersetzen.

Mokka-Macadamianuss-Torte
Die Torte wie beschrieben zubereiten. Dabei die Walnüsse durch Macadamianüsse ersetzen.

Mokka-Haselnuss-Torte
Die Torte wie beschrieben zubereiten. Die Walnüsse durch Haselnüsse ersetzen.

Mokka-Paranuss-Torte
Die Torte wie beschrieben zubereiten. Die Walnüsse durch Paranüsse ersetzen.

Mokka-Torte
Die Torte wie beschrieben zubereiten. Dabei die Walnüsse weglassen.

Variationen

Gestürzter Ananaskuchen

Grundrezept auf Seite 72

Gestürzter Orangen-Ananas-Kuchen
Den Teig wie beschrieben zubereiten. Dabei die Zitronenschale durch die fein abgeriebene Schale von 1 Orange ersetzen.

Gestürzter Vanille-Ananas-Kuchen
Den Teig wie beschrieben zubereiten. Dabei die Zitronenschale durch 1 Teelöffel Vanillearoma ersetzen.

Gestürzter Blaubeerkuchen
Den Kuchen wie beschrieben zubereiten. Dabei Ananas und Kirschen durch 200 g frische Blaubeeren ersetzen.

Gestürzter Cranberrykuchen
Den Kuchen wie beschrieben zubereiten. Dabei Ananas und Kirschen durch 150 g Cranberrys ersetzen.

Gestürzter Mangokuchen
Den Kuchen wie beschrieben zubereiten. Dabei Ananas und Kirschen durch 1 große, in Scheiben geschnittene Mango ersetzen.

Variationen

Biskuittorte mit Himbeeren

Grundrezept auf Seite 75

Biskuittorte mit gemischten Beeren
Die Torte wie beschrieben zubereiten. Dabei die Himbeeren durch gemischte Beeren ersetzen.

Biskuittorte mit Pfirsichen
Die Torte wie beschrieben zubereiten. Dabei die Himbeeren durch Pfirsichscheiben, frisch oder aus der Dose, ersetzen.

Biskuittorte mit Bananen
Die Torte wie beschrieben zubereiten. Dabei die Himbeeren durch frische Bananenscheiben ersetzen.

Biskuittorte mit Vanille & weißen Schokoladenröllchen
Die Torte wie beschrieben zubereiten. Dabei zusätzlich 1½ Teelöffel Vanillearoma in den Teig rühren. 1 Teelöffel Vanillearoma in die Sahne rühren. Die Himbeeren weglassen. Mit weißen Schokoladenröllchen dekorieren.

Schoko-Biskuittorte mit Kirschen
Die Torte wie beschrieben zubereiten. Dabei zusätzlich 1 Esslöffel Kakaopulver unter das Mehl mischen. Die Himbeeren durch entsteinte Kirschen ersetzen.

Variationen

Marmorkuchen

Grundrezept auf Seite 76

Rosa-weißer Marmorkuchen
Den Teig wie beschrieben zubereiten. Dabei eine Teighälfte nicht mit Kakao, sondern mit roter Speisefarbe rosa einfärben. Den Kuchen nur mit Puderzucker bestäuben.

Orangen-Schoko-Marmorkuchen
Den Teig wie beschrieben zubereiten. Dabei bei einer Teighälfte das Vanillearoma durch die fein abgeriebene Schale von 1 Orange ersetzen.

Kaffee-Schoko-Marmorkuchen
Den Teig wie beschrieben zubereiten. Dabei bei einer Teighälfte das Vanillearoma durch 1 Teelöffel Instant-Kaffee, aufgelöst in $^{1}/_{2}$ Esslöffel heißem Wasser, ersetzen.

Zitronen-Schoko-Marmorkuchen
Den Teig wie beschrieben zubereiten. Dabei bei einer Teighälfte das Vanillearoma durch die fein abgeriebene Schale von 1 Zitrone ersetzen.

Variationen

Orangen-Mohn-Kuchen

Grundrezept auf Seite 79

Einfacher Orangenkuchen
Den Teig wie beschrieben zubereiten. Dabei den Mohn weglassen.

Ingwer-Mohn-Kuchen mit Orangenfilets
Den Teig wie beschrieben zubereiten. Dabei zusätzlich 2 gehackte Stücke Ingwerpflaume in Sirup unterheben.

Zimt-Mohn-Kuchen mit Orangenfilets
Den Teig wie beschrieben zubereiten. Dabei zusätzlich 1 Teelöffel Zimt unter das Mehl mischen.

Mohnkuchen mit Orangenfilets & Sahne
Den Kuchen wie beschrieben zubereiten. Die Mascarpone-Creme weglassen. Nur mit Puderzucker bestäuben und mit einem Löffel Schlagsahne servieren.

Haselnusskuchen mit Orangenfilets
Den Teig wie beschrieben zubereiten. Dabei den Mohn durch 60 g gehackte Haselnüsse ersetzen.

Variationen

Schokoladencremetorte

Grundrezept auf Seite 80

Schokoladencremetorte mit Himbeeren
Die Torte wie beschrieben zubereiten. Dabei nur die halbe Menge Ganache
zubereiten. 200 g Himbeeren auf dem ersten Teigboden verteilen, den
zweiten daraufsetzen und mit der Ganache bestreichen.

Schokoladencremetorte mit Orangengeschmack
Zusätzlich die fein abgeriebene Schale von 1 Orange in den Teig rühren.
Nur die halbe Menge Ganache zubereiten. Die Teigböden mit 4 Esslöffeln
Orangenmarmelade zusammensetzen und mit der Ganache überziehen.

Schokoladencremetorte mit Kaffee
Den Teig wie beschrieben zubereiten. Dabei 2 Esslöffel Instant-Kaffee, aufgelöst in 2 Esslöffeln heißem Wasser, unterrühren.

Schokoladencremetorte mit Blaubeeren
Den unteren Teigboden zusätzlich mit 200 g frischen Blaubeeren belegen.

Schokoladencremetorte mit Kirschen
Die Torte wie beschrieben zubereiten. Dabei nur die halbe Menge Ganache
zubereiten. Die Teigböden mit 4 Esslöffeln Kirschkonfitüre zusammensetzen
und mit der Ganache überziehen.

Variationen

Mokka-Schokoladen-Kuchen

Grundrezept auf Seite 83

Himbeer-Schokoladen-Kuchen
Den Kuchen wie beschrieben zubereiten. Dabei Kaffee und Ganache weglassen. Vor dem Servieren mit 200 g frischen Himbeeren belegen.

Orangen-Schokoladen-Kuchen
Den Teig wie beschrieben zubereiten. Dabei den Kaffee durch die abgeriebene Schale von 1 Orange ersetzen.

Feuchter Schokoladenkuchen
Den Teig wie beschrieben zubereiten. Dabei den Kaffee weglassen.

Einfacher Schokoladenkuchen
Den Kuchen wie beschrieben zubereiten. Dabei die Ganache weglassen. Mit ungesüßtem Kakaopulver bestäuben und mit Schlagsahne servieren.

Kirsch-Schokoladen-Kuchen
Den Kuchen wie beschrieben zubereiten. Dabei den Kaffee weglassen. Etwa 200 g Kirschen, frisch oder aus dem Glas, auf der Ganache verteilen.

Variationen

Himbeerrolle

Grundrezept auf Seite 84

Nuss-Nougat-Rolle
Die Biskuitrolle zubereiten. Die Mandeln weglassen. 2 Esslöffel Kakaopulver mit dem Mehl sieben. Die Konfitüre durch Nuss-Nougat-Creme und die Himbeeren durch Schokoladenspäne ersetzen. Mit Kakaopulver bestäuben.

Schoko-Himbeer-Rolle
Den Teig wie beschrieben zubereiten. Dabei die Mandeln weglassen. 2 Esslöffel Kakaopulver mit dem Mehl sieben.

Kirsch-Orangen-Rolle
Die Biskuitrolle wie beschrieben zubereiten. Dabei zusätzlich die fein abgeriebene Schale von 1 Orange in den Teig rühren. Himbeeren und Himbeerkonfitüre durch entsteinte Kirschen und Kirschkonfitüre ersetzen.

Zitronen-Himbeer-Rolle
Die Biskuitrolle wie beschrieben zubereiten. Dabei die Himbeerkonfitüre durch Lemon Curd (Feinkosthandel) ersetzen.

Himbeerrolle mit Vanillecreme
Die Biskuitrolle wie beschrieben zubereiten. Dabei Himbeerkonfitüre durch Schlagsahne, aromatisiert mit einigen Tropfen Vanillearoma, ersetzen.

Variationen

Napfkuchen

Grundrezept auf Seite 86

Schoko-Napfkuchen
Den braunen Zucker durch 200 g Feinstzucker ersetzen und zusätzlich 3 Esslöffel Kakaopulver unter das Mehl mischen.

Zitronen-Napfkuchen
Den Teig wie beschrieben zubereiten. Dabei den braunen Zucker durch 200 g Feinstzucker ersetzen und die fein abgeriebene Schale von 1 Zitrone unterrühren.

Zitronen-Himbeer-Napfkuchen
Den Kuchen wie oben beschrieben zubereiten. Dabei mit Himbeeren füllen.

Vanille-Blaubeer-Napfkuchen
Den Kuchen wie beschrieben zubereiten. Dabei den braunen Zucker durch 200 g Feinstzucker ersetzen. Zusätzlich 1½ Teelöffel Vanillearoma in die Milch geben. Den Zuckerguss weglassen. Blaubeeren in die Mitte füllen und mit Puderzucker bestäuben.

Pekannuss-Napfkuchen
Den Kuchen wie beschrieben zubereiten. Dabei zusätzlich 60 g grob gehackte Pekannüsse unter den Teig heben. Den noch feuchten Zuckerguss mit 30 g gehackten Pekannüssen bestreuen.

Kaffee & Kuchen

Was gibt es Schöneres als ein Stückchen Kuchen zum Kaffee? Wenn man sich am Nachmittag seine wohlverdiente Pause gönnt, kann man für einen Moment die Seele baumeln lassen und seinen Gedanken nachhängen.

Pekannusstorte

Variationen auf Seite 125

Diese reichhaltige, mit Ahornsirup verfeinerte Pekannusstorte ist der ideale Begleiter zu einem frisch aufgebrühten Kaffee. Die nussige Süße des Kuchens bildet einen herrlichen Kontrast zum leicht bitteren Kaffee.

Teig
170 g zimmerwarme Butter
140 g Feinstzucker
3 Eier
140 g Mehl
1½ TL Backpulver
50 g Pekannüsse, grob gehackt

Buttercreme
120 g zimmerwarme Butter
2 EL Ahornsirup
1 EL Milch
170 g Puderzucker, gesiebt
Pekannusshälften, zum Dekorieren

Den Backofen auf 180 °C vorheizen. Zwei Springformen (20 cm Ø) einfetten und den Boden mit Backpapier auslegen.

Butter und Zucker cremig rühren, dann nach und nach die Eier unterrühren. Mehl und Backpulver darübersieben und unterziehen. Schließlich die Pekannüsse unterheben. Den Teig in die Formen füllen und mit einem Löffelrücken glatt streichen. Im Ofen 20 Minuten backen, bis die Kuchen aufgegangen sind und ein in die Mitte gestochener Holzspieß trocken und sauber bleibt. Aus der Form lösen und auf einem Kuchengitter vollständig auskühlen lassen.

Für die Buttercreme Butter, Sirup, Milch und Puderzucker cremig rühren. Die Teigböden mit knapp der Hälfte der Creme zusammensetzen. Mit der restlichen Buttercreme überziehen und mit den Pekannusshälften dekorieren.

Ergibt 8 Stück

Saftiger Schokoladenkuchen

Variationen auf Seite 126

Der zartschmelzende Schokoladenkuchen mit seinem weichen, mousseartigen Kern zergeht auf der Zunge. Serviert mit einer guten Tasse Kaffee, ist er Balsam für die Seele.

250 g Zartbitterschokolade
170 g Butter, gewürfelt
200 g Feinstzucker
3 Eier (Größe L)

75 g Mehl
2 Esslöffel Instant-Kaffee, aufgelöst
in 2 Esslöffeln heißem Wasser
geschlagene Sahne, zum Servieren

Den Backofen auf 160 °C vorheizen. Eine Springform (20 cm Ø) einfetten und den Boden mit Backpapier auslegen.

Die Schokolade in Stücke brechen und mit der Butter in eine hitzebeständige Schüssel geben. Im Wasserbad über siedendem Wasser schmelzen. Vom Herd nehmen und 5 Minuten abkühlen lassen. Den Zucker einarbeiten und nach und nach die Eier unterrühren. Das Mehl darübersieben und unterziehen. Schließlich den Kaffee unterrühren.

Den Teig in die vorbereitete Form füllen und 55 Minuten backen, bis der Kuchen oben fest, in der Mitte aber noch weich ist (der Kuchen wird beim Abkühlen fest). In der Form auskühlen lassen. Den Kuchen vorsichtig auf eine Kuchenplatte heben, in Stücke schneiden und mit Schlagsahne servieren.

Ergibt 8 Stück

Blaubeerkuchen mit Sauerrahm

Variationen auf Seite 127

Die Blaubeeren machen diesen fabelhaften Kuchen unwiderstehlich saftig und zart. Servieren Sie ihn mit Schlagsahne.

170 g zimmerwarme Butter	2$\frac{1}{2}$ TL Backpulver
140 g Feinstzucker	1 TL Zimt
2 Eier (Größe L)	200 g frische Blaubeeren
175 g saure Sahne	Puderzucker, zum Bestäuben (nach Belieben)
230 g Mehl	

Den Backofen auf 180 °C vorheizen. Eine Kastenform (22 cm x 12 cm) einfetten und den Boden mit Backpapier auslegen.

Butter und Zucker cremig rühren, dann nach und nach die Eier unterrühren. Die saure Sahne einarbeiten. Mehl, Backpulver und Zimt darübersieben und unterziehen. Etwa 10 Blaubeeren beiseitelegen, die restlichen unter den Teig heben. Den Teig in die vorbereitete Form füllen und mit einem Löffelrücken glatt streichen. Mit den beiseitegelegten Blaubeeren bestreuen und diese leicht in den Teig drücken.

Etwa 1 Stunde 10 Minuten backen, bis der Kuchen aufgegangen ist und ein in die Mitte gestochener Holzspieß trocken und sauber bleibt. Etwa 10 Minuten in der Form abkühlen lassen, dann auf ein Kuchengitter stürzen und vollständig auskühlen lassen. Vor dem Servieren mit Puderzucker bestäuben.

Ergibt ca. 15 Stück

Apfel-Zimt-Kuchen

Variationen auf Seite 128

Dieser saftige Apfelkuchen ist ein Kinderspiel. Mit einer Kugel Vanilleeis oder einem
Löffel Schlagsahne wird aus diesem schlichten Kuchen ein feines Dessert.

120 g zimmerwarme Butter
140 g brauner Zucker
60 g saure Sahne
$1\frac{1}{2}$ TL Zimt
2 Eier (Größe L)

170 g Mehl
$1\frac{1}{2}$ TL Backpulver
$1\frac{1}{2}$ Äpfel, geschält, entkernt und in Scheiben
4 EL Aprikosenkonfitüre

Den Backofen auf 180 °C vorheizen. Eine Kastenform (22 cm x 12 cm) einfetten und den
Boden mit Backpapier auslegen.

Butter und Zucker cremig rühren, dann saure Sahne und Zimt einarbeiten. Nach und nach
die Eier unterrühren. Mehl und Backpulver darübersieben und unterziehen.

Etwa die Hälfte des Teigs in die vorbereitete Form füllen und mit einer Schicht Apfelscheiben
belegen. Den restlichen Teig einfüllen, glatt streichen und dekorativ mit den restlichen Apfelscheiben belegen. Im vorgeheizten Ofen etwa 1 Stunde backen, bis der Kuchen aufgegangen
ist und ein in die Mitte gestochener Holzspieß trocken und sauber bleibt. Etwa 10 Minuten in
der Form abkühlen lassen, dann auf ein Kuchengitter stürzen und auskühlen lassen.

Die Aprikosenkonfitüre in einem kleinen Topf erwärmen, glatt rühren und den noch warmen
Kuchen damit glasieren.

Ergibt ca. 15 Stück

Kokostorte

Variationen auf Seite 129

Dieser prächtige Kokoskuchen wird von einer herrlich zitrusfrischen weißen Frischkäse-creme umhüllt.

Teig
140 g zimmerwarme Butter
3 EL zimmerwarme Creamed
    Coconut (Asia-Laden)
fein abgeriebene Schale von
    1 Limette

100 g Puderzucker
3 Eier
120 g Mehl
1 TL Backpulver
60 g Kokosraspel

Frischkäsecreme
230 g Frischkäse
60 g Puderzucker, gesiebt
1 EL Limettensaft

Den Backofen auf 180 °C vorheizen. Zwei Springformen (20 cm Ø) einfetten und den Boden mit Backpapier auslegen.

Butter, Creamed Coconut, Limettenschale und Puderzucker cremig rühren. Nach und nach die Eier unterrühren. Mehl und Backpulver darübersieben und unterziehen. Schließlich die Kokos-raspel unterheben. Den Teig in die vorbereiteten Formen füllen und mit einem Löffelrücken glatt streichen. Im vorgeheizten Ofen 20–25 Minuten backen, bis die Kuchen aufgegangen sind und ein in die Mitte gestochener Holzspieß trocken und sauber bleibt. Aus der Form lösen und auf einem Kuchengitter vollständig auskühlen lassen.

Für die Creme Frischkäse, Puderzucker und Limettensaft glatt rühren. Die Teigböden mit knapp der Hälfte der Creme zusammensetzen und mit der restlichen Frischkäsecreme überziehen.

Ergibt 8 Stück

Duftende Lavendeltorte

Variationen auf Seite 130

Die ungewöhnliche, wunderschöne Torte schmeckt sommerlich nach Lavendel. Dekorieren Sie sie mit frischen Lavendelblüten aus dem Garten.

Teig
1/2 TL getrocknete Lavendelblüten
140 g Feinstzucker
170 g zimmerwarme Butter
3 Eier
140 g Mehl
1 1/2 TL Backpulver

Füllung
200 g Mascarpone
3 EL Puderzucker, gesiebt
Zuckerglasur
200 g Puderzucker, gesiebt
1 großes Eiweiß
blaue und rote Speisefarbe
frische Lavendelblüten, zum Dekorieren

Den Backofen auf 180 °C vorheizen. Zwei Springformen (20 cm Ø) einfetten und den Boden mit Backpapier auslegen.

Die Lavendelblüten mit dem Zucker kurz im Mixer zerkleinern. Mit der Butter in eine große Schüssel geben und cremig rühren. Nach und nach die Eier unterrühren. Mehl und Backpulver darübersieben und unterziehen.

Den Teig in die Formen füllen und mit einem Löffelrücken glatt streichen. Im vorgeheizten Ofen 20–25 Minuten backen, bis die Kuchen aufgegangen sind und ein in die Mitte gestochener Holzspieß trocken und sauber bleibt. Auf einem Kuchengitter auskühlen lassen.

Für die Füllung Mascarpone und Zucker glatt rühren. Die beiden Teigböden mit der Creme zusammensetzen.

Für die Zuckerglasur Eiweiß in einer Schüssel aufschlagen und nach und nach den Puderzucker einrieseln lassen, bis eine dicke, cremige Masse entstanden ist. Mit Speisefarben lila einfärben. Die Torte mit der Glasur überziehen und einige Stunden trocknen lassen. Mit frischen Lavendelblüten dekorieren.

Ergibt 8 Stück

Cremige Pistazientorte

Variationen auf Seite 131

Diese locker-leichte, mit Zitronencreme gefüllte Torte schmeckt herrlich zum Kaffee, ist aber auch für festliche Anlässe geeignet.

Teig	1 TL Backpulver	1 Eiweiß
50 g ungesalzene Pistazienkerne	Füllung	³/₄ TL Zitronensaft
170 g zimmerwarme Butter	2¹/₂ EL Lemon Curd (Feinkost)	grüne Speisefarbe
170 g Feinstzucker	120 g saure Sahne	weiße Zuckerblüten und
3 Eier	Zuckerglasur	silberne Zuckerperlen, zum
120 g Mehl	150 g Puderzucker, gesiebt	Dekorieren

Den Backofen auf 180 °C vorheizen. Zwei Springformen (20 cm Ø) einfetten und den Boden mit Backpapier auslegen. Die Pistazien fein mahlen und beiseitestellen.

Butter und Zucker cremig rühren. Nach und nach die Eier unterrühren. Die Pistazien einarbeiten. Mehl und Backpulver darübersieben und unterziehen. Den Teig in die Formen füllen und mit einem Löffelrücken glatt streichen. Im Ofen 20–25 Minuten backen, bis die Kuchen bei leichtem Fingerdruck elastisch nachgeben. Auf einem Kuchengitter auskühlen lassen.

Für die Füllung Lemon Curd und saure Sahne glatt rühren. Die beiden Teigböden mit der Creme zusammensetzen. Für die Glasur den Puderzucker unter Rühren in das Eiweiß rieseln lassen, bis eine dicklich glänzende Masse entstanden ist. Den Zitronensaft unterrühren. Mit Speisefarbe zartgrün einfärben und die Torte damit überziehen. Mit weißen Zuckerblüten und silbernen Zuckerperlen dekorieren.

Ergibt 8 Stück

Engelkuchen mit Zuckerhaube

Variationen auf Seite 133

Der amerikanische „Angel Cake" ist ein sehr leichter, fast unschuldig weißer Biskuit-
kuchen, der traditionell in einer Ringform gebacken wird.

Teig
100 g Mehl
200 g Feinstzucker
10 Eiweiß
1 TL Weinsteinbackpulver
$\frac{1}{2}$ TL Vanillearoma

Zuckerglasur
100 g Feinstzucker
4 EL Wasser
2 Eiweiß
2 EL heller Zuckerrübensirup
$\frac{1}{2}$ TL Vanillearoma
frische Erdbeeren, zum Servieren

Den Backofen auf 180°C vorheizen. Mehl und die Hälfte des Zuckers dreimal in eine große
Rührschüssel sieben, bis die Zutaten sehr locker sind. Eiweiß und Weinsteinbackpulver in
einer sauberen Schüssel steif schlagen. Nun nach und nach den restlichen Zucker unterrühren, bis ein dicker, glänzender Eischnee entsteht. Schließlich das Vanillearoma unterrühren.

Die Mehl-Zucker-Mischung in zwei Portionen über den Eischnee sieben und unterziehen.
Den Teig in eine beschichtete Ringform (25 cm Ø) füllen und etwa 40 Minuten backen, bis
der Kuchen aufgegangen ist und ein in die Mitte gestochener Holzspieß trocken und sauber
bleibt. Auf einem Kuchengitter vollständig auskühlen lassen.

Für die Zuckerglasur Zucker und Wasser in einem kleinen Topf unter Rühren erhitzen, bis der
Zucker aufgelöst ist. Dann aufkochen, bis eine Temperatur von 115°C erreicht ist. Das Eiweiß
in einer sauberen Schüssel sehr steif schlagen. Den heißen Sirup in einem dünnen Strahl unter
ständigem Rühren dazugießen, bis eine dicke, glänzende Masse entstanden ist. Nun den

Zuckerrübensirup und das Vanillearoma unterrühren. Weiterrühren, bis die Masse abgekühlt ist. Den Kuchen damit überziehen und mit Erdbeeren servieren.

Ergibt 8 Stück

Haselnuss-Aprikosen-Kuchen

Variationen auf Seite 133

Mit seinem intensiven Aprikosenaroma ist dieser süße nussige und unheimlich saftige Kuchen ideal für die Kaffeepause am Nachmittag oder auch für einen Kaffeeklatsch.

120 g geröstete Haselnüsse
170 g zimmerwarme Butter
80 g Feinstzucker
60 g brauner Zucker
2 Eier

fein abgeriebene Schale von 1 Zitrone
140 g Mehl
2½ TL Backpulver
100 g getrocknete Aprikosen, gehackt

Den Backofen auf 180 °C vorheizen. Eine Kastenform (22 cm x 12 cm) einfetten und den Boden mit Backpapier auslegen.

Die Haselnüsse grob mahlen. Butter, Feinstzucker und braunen Zucker cremig rühren, dann nach und nach die Eier unterrühren. Die Zitronenschale einarbeiten. Mehl und Backpulver über die Masse sieben. Die Haselnüsse hinzufügen und alles gut unterziehen. Schließlich die Aprikosen unterheben.

Den Teig in die vorbereitete Form füllen und mit einem Löffelrücken glatt streichen. Im vorgeheizten Ofen 50–60 Minuten backen, bis der Kuchen aufgegangen ist und ein in die Mitte gestochener Holzspieß trocken und sauber bleibt. Etwa 10 Minuten in der Form abkühlen lassen, dann auf ein Kuchengitter stürzen und vollständig auskühlen lassen.

Ergibt ca. 15 Stück

Honigkuchen mit Pinienkernen

Variationen auf Seite 134

Dieser süße Kuchen lässt sich warm mit Schlagsahne oder einer Kugel Eis als Dessert servieren oder auch am Nachmittag, um die Kaffeepause zu versüßen.

Teig
230 g Butter, gewürfelt
120 g flüssiger Honig
75 ml heller Zuckerrübensirup
100 g brauner Zucker
3 Eier (Größe L)

80 g geröstete Pinienkerne
230 g Mehl
2½ TL Backpulver
Glasur
30 g geröstete Pinienkerne
4 EL flüssiger Honig

Den Backofen auf 160 °C vorheizen. Eine Springform (20 cm Ø) einfetten und den Boden mit Backpapier auslegen.

Butter, Honig, Sirup und Zucker in einem Topf unter Rühren sanft erhitzen, bis die Butter geschmolzen ist. Etwa 10 Minuten abkühlen lassen.

Nach und nach die Eier unterrühren. Die Pinienkerne unterrühren. Mehl und Backpulver darübersieben und gut unterziehen.

Den Teig in die vorbereitete Form füllen und etwa 1 Stunde 10 Minuten backen, bis der Kuchen aufgegangen ist und ein in die Mitte gestochener Holzspieß trocken und sauber bleibt. Den Kuchen aus dem Ofen nehmen und etwa 5 Minuten abkühlen lassen. Dann aus der Form lösen und auf ein Kuchengitter setzen.

Für die Glasur Pinienkerne und Honig in einem Topf sanft erwärmen, bis der Honig sehr flüssig ist. Gleichmäßig auf dem noch warmen Kuchen verteilen.

Ergibt 8 Stück

Pflaumenstreuselkuchen

Variationen auf Seite 135

Die Kombination aus aromatischer Vanille, saftigen Pflaumen und knusprigen Haselnussstreuseln macht diesen Kuchen so unwiderstehlich.

Streusel	Teig	
80 g Haselnüsse	120 g zimmerwarme Butter	³/₄ TL Backpulver
80 g Mehl	80 g Feinstzucker	¹/₂ TL Vanillearoma
60 g Butter, gewürfelt	2 Eier	650 g Pflaumen, halbiert und
60 g brauner Rohrzucker	75 g Mehl	entsteint

Den Backofen auf 190 °C vorheizen. Eine Springform (20 cm Ø) einfetten und den Boden mit Backpapier auslegen.

Für die Streusel die Hälfte der Haselnüsse fein mahlen. Die restlichen Nüsse hacken. Mehl, gemahlene Haselnüsse und Butter in eine Schüssel geben und mit den Fingern verreiben, bis ein krümeliger Teig entsteht. Dann Zucker und gehackte Nüsse einarbeiten.

Für den Kuchen Butter und Zucker cremig rühren, dann nach und nach die Eier unterrühren. Mehl und Backpulver darübersieben und unterziehen. Schließlich das Vanillearoma unterrühren. Den Teig in die vorbereitete Form füllen und mit einem Löffelrücken glatt streichen. Den Teig mit den Pflaumen (mit der Schnittseite nach unten) belegen. Die Streusel darauf verteilen und im vorgeheizten Ofen etwa 1 Stunde backen, bis der Kuchen aufgegangen ist und ein in die Mitte gestochener Holzspieß trocken und sauber bleibt. Vollständig in der Form auskühlen lassen.

Ergibt 8 Stück

Getränkter Orangenkuchen

Variationen auf Seite 136

Dieser saftige, etwas klebrige Kuchen sollte am besten mit einem Löffel serviert werden. Besonders lecker ist er mit flüssiger Sahne oder mit etwas Schlagsahne.

Teig			Sirup
1 Orange	140 g Mehl		fein abgeriebene Schale und
170 g zimmerwarme Butter	2 TL Backpulver		Saft von 1 Orange
140 g Feinstzucker	4 EL gemahlene Mandeln		60 g Feinstzucker
3 Eier			

Den Backofen auf 190 °C vorheizen. Eine Springform (24 cm Ø) einfetten und den Boden mit Backpapier auslegen.

Die Orangenschale fein abreiben und beiseitestellen. Die Orange großzügig schälen und das Fruchtfleisch grob hacken. Dabei sämtliche Kerne entfernen. Das Fruchtfleisch pürieren.

Butter und Zucker cremig rühren, dann nach und nach die Eier unterrühren. Orangenpüree und -schale einarbeiten. Anschließend Mehl und Backpulver darübersieben und unterziehen. Zuletzt die Mandeln unterheben. Im vorgeheizten Ofen 25–30 Minuten backen, bis der Kuchen aufgegangen ist und ein in die Mitte gestochener Holzspieß trocken und sauber bleibt. Etwa 10 Minuten abkühlen lassen, dann aus der Form lösen und auf einem Kuchengitter auskühlen lassen.

Für den Sirup Orangenschale, -saft und Zucker in einem kleinen Topf unter Rühren sanft erwärmen, bis der Zucker aufgelöst ist. Den Sirup einmal kräftig aufkochen, dann vom Herd

nehmen. Den noch warmen Kuchen damit tränken und vor dem Servieren mindestens
30 Minuten ziehen lassen.

Ergibt 8–10 Stück

Gestürzter Rhabarberkuchen

Variationen auf Seite 137

Rhabarber schmeckt immer herrlich nach Sommer. Botanisch betrachtet, zählt er zum Gemüse. Rotstieliger Rhabarber ist im Allgemeinen nicht so säuerlich wie grünstieliger.

250 g Rhabarber, geschält und in kurze Stücke
   geschnitten
3 EL Feinstzucker
80 g zimmerwarme Butter
240 g Feinstzucker

2 Eier (Größe L)
3 EL gemahlene Mandeln
120 g Mehl
1 TL Backpulver
geschlagene Sahne, zum Servieren

Den Backofen auf 180 °C vorheizen. Eine Springform (20 cm Ø) einfetten und den Boden mit Backpapier auslegen.

Die Rhabarberstücke mit 3 Esslöffeln Zucker bestreuen und sorgfältig darin wenden. Den Boden der Form damit belegen.

Butter und Zucker cremig rühren, dann nach und nach die Eier unterrühren. Die Mandeln hinzufügen, dann Mehl und Backpulver darübersieben und unterziehen. Den Teig über dem Rhabarber in die Form füllen und glatt streichen.

Etwa 40 Minuten backen, bis der Kuchen aufgegangen ist und ein in die Mitte gestochener Holzspieß trocken und sauber bleibt. Etwa 5 Minuten abkühlen lassen, dann auf ein Kuchengitter stürzen. Warm oder kalt mit Schlagsahne servieren.

Ergibt 8 Stück

Variationen

Pekannusstorte

Grundrezept auf Seite 101

Ahornsirup-Pekannuss-Kaffee-Kuchen
Die Torte wie beschrieben zubereiten. Dabei 2 Teelöffel Instant-Kaffee, aufgelöst in 1 Esslöffel heißem Wasser, in den Teig rühren. Bei der Buttercreme die Milch durch 2 Teelöffel Instant-Kaffee, aufgelöst in 1 Esslöffel heißem Wasser, ersetzen.

Ahornsirup-Pekannuss-Schoko-Kuchen
Den Teig wie beschrieben zubereiten. Dabei zusätzlich 80 g Zartbitter-Schokoladentropfen unterheben.

Ahornsirup-Walnuss-Kuchen
Den Teig wie beschrieben zubereiten. Die Pekannüsse durch Walnüsse ersetzen.

Ahornsirup-Haselnuss-Kuchen
Den Teig wie beschrieben zubereiten. Die Pekannüsse durch Haselnüsse ersetzen.

Ahornsirup-Paranuss-Kuchen
Den Teig wie beschrieben zubereiten. Die Pekannüsse durch Paranüsse ersetzen.

Variationen

Saftiger Schokoladenkuchen

Grundrezept auf Seite 102

Saftiger Schokoladenkuchen ohne Kaffee
Den Teig wie beschrieben zubereiten. Dabei den Kaffee weglassen.

Saftiger Schoko-Orangen-Kuchen
Den Teig wie beschrieben zubereiten. Dabei den Kaffee durch die fein
abgeriebene Schale von 1 Orange ersetzen.

Schoko-Vanille-Kuchen
Den Teig wie beschrieben zubereiten. Dabei den Kaffee durch 2 Teelöffel
Vanillearoma ersetzen.

Saftiger Schoko-Erdbeer-Kuchen
Den Teig wie beschrieben zubereiten. Dabei den Kaffee weglassen. Mit
frischen Erdbeeren und Schlagsahne servieren.

Saftiger Schoko-Amaretto-Kuchen
Den Teig wie beschrieben zubereiten. Dabei den Kaffee durch 2 Esslöffel
Amaretto ersetzen.

Variationen

Blaubeerkuchen mit Sauerrahm

Grundrezept auf Seite 105

Blaubeer-Limetten-Kuchen
Den Teig wie beschrieben zubereiten. Dabei den Zimt weglassen und die fein
abgeriebene Schale von 1 Limette mit Butter und Zucker cremig rühren.

Blaubeer-Zitronen-Kuchen
Den Kuchen wie beschrieben zubereiten. Dabei den Zimt weglassen und die
fein abgeriebene Schale von 1 Zitrone mit Butter und Zucker cremig rühren.
Mit Zitronenguss überziehen und nicht mit Puderzucker bestäuben.

Weihnachtlicher Blaubeerkuchen
Den Teig wie beschrieben zubereiten. Dabei den Zimt durch Lebkuchengewürz ersetzen.

Blaubeer-Vanille-Kuchen
Den Teig wie beschrieben zubereiten. Dabei den Zimt weglassen und 1 Teelöffel Vanillearoma mit den Eiern unterrühren.

Blaubeer-Rosenwasser-Kuchen
Den Teig wie beschrieben zubcreiten. Dabei den Zimt weglassen und 2 Teelöffel Rosenwasser mit den Eiern unterrühren.

Variationen

Apfel–Zimt–Kuchen

Grundrezept auf Seite 106

Apfelkuchen mit braunem Zucker
Den Teig wie beschrieben zubereiten. Dabei den Zimt weglassen.

Birnen–Zimt–Kuchen
Den Kuchen wie beschrieben zubereiten. Die Äpfel durch Birnen ersetzen.

Weihnachtlicher Apfelkuchen
Den Teig wie beschrieben zubereiten. Dabei den Zimt durch Lebkuchengewürz ersetzen.

Apfel–Orangen–Kuchen
Den Teig wie beschrieben zubereiten. Dabei den Zimt durch die fein
abgeriebene Schale von 1 Orange ersetzen.

Variationen

Kokostorte

Grundrezept auf Seite 109

Kokostorte mit Blaubeeren
Die Torte wie beschrieben zubereiten. Dabei vor dem Servieren zusätzlich
225 g frische Blaubeeren auf der Frischkäsecreme verteilen.

Kokostorte mit Erdbeeren
Die Torte wie beschrieben zubereiten. Dabei vor dem Servieren zusätzlich
225 g halbierte oder geviertelte Erdbeeren auf der Frischkäsecreme verteilen.

Kokostorte mit Kirschen
Die Torte wie beschrieben zubereiten. Dabei vor dem Servieren zusätzlich
100 g entsteinte Kirschen auf der Frischkäsecreme verteilen.

Kokostorte mit Mango
Die Torte wie beschrieben zubereiten. Dabei vor dem Servieren mit frischen
Mangoscheiben dekorieren.

Kokostorte mit Zitrone
Den Teig wie beschrieben zubereiten. Dabei Limettenschale und -saft durch
fein abgeriebene Schale und Saft von 1 Zitrone ersetzen.

Variationen

Duftende Lavendeltorte

Grundrezept auf Seite 110

Lavendel-Blaubeer-Kuchen
Zusätzlich 260 g frische Blaubeeren auf der Mascarpone-Füllung verteilen.
Den Zuckerguss weglassen und den Kuchen mit Puderzucker bestäuben.

Lavendel-Himbeer-Kuchen
Die Mascarpone-Füllung durch 3–4 Esslöffel Himbeerkonfitüre ersetzen.

Kirschkuchen mit Rosenwasser
Den Lavendel weglassen und 1 Esslöffel Rosenwasser zum Teig geben. Die
Mascarpone-Füllung durch 3–4 Esslöffel Kirschkonfitüre ersetzen. Die Glasur
mit roter Speisefarbe rosa einfärben. Den Kuchen nicht mit Lavendelblüten,
sondern mit Rosenblättern dekorieren.

Lavendel-Erdbeer-Kuchen
Die Mascarpone-Füllung durch 3–4 Esslöffel Erdbeerkonfitüre ersetzen. Mit
frischen Erdbeeren servieren.

Orangenblütenkuchen
Den Lavendel weglassen und 1 Esslöffel Orangenblütenwasser zum Teig
geben. Die Glasur mit roter und gelber Speisefarbe orange einfärben. Den
Kuchen nicht mit Lavendelblüten, sondern mit Orangenblüten dekorieren.

Variationen

Cremige Pistazientorte

Grundrezept auf Seite 113

Einfache Pistazientorte
Die Torte wie beschrieben zubereiten. Dabei die Zitronencreme durch
3–4 Esslöffel Lemon Curd (Feinkosthandel) ersetzen. Die Glasur weglassen
und stattdessen mit Puderzucker bestäuben.

Pistazientorte mit Orangencreme
Den Teig wie beschrieben zubereiten. Dabei den Lemon Curd durch süße
Orangenmarmelade ersetzen.

Cremiger Walnusskuchen
Die Torte wie beschrieben zubereiten. Dabei die Pistazien durch Walnüsse
ersetzen. Die Glasur nicht einfärben und den Kuchen mit Walnusshälften
anstelle von Zuckerblüten dekorieren.

Cremiger Haselnusskuchen
Die Torte wie beschrieben zubereiten. Dabei die Pistazien durch Haselnüsse
ersetzen. Die Glasur nicht einfärben und den Kuchen mit Haselnüssen
anstelle von Zuckerblüten dekorieren.

Variationen

Engelkuchen mit Zuckerhaube

Grundrezept auf Seite 114

Engelkuchen mit Schokoladensauce
Den Kuchen wie beschrieben zubereiten. Dabei die Glasur durch Schokoladensauce ersetzen. Dafür 200 g gehackte Zartbitterschokolade und 175 g Sahne in einem Topf bei kleiner Hitze unter Rühren schmelzen. Vom Herd nehmen und rühren, bis die Masse dicklich cremig ist.

Engelkuchen mit Zitrone
Den Teig wie beschrieben zubereiten. Dabei das Vanillearoma durch die fein abgeriebene Schale von 1 Zitrone ersetzen.

Engelkuchen mit Orange
Den Teig wie beschrieben zubereiten. Dabei das Vanillearoma durch die fein abgeriebene Schale von 1 Orange ersetzen.

Engelkuchen mit Pistazien
Den Kuchen wie beschrieben zubereiten. Dabei vor dem Servieren mit gehackten Pistazien bestreuen.

Engelkuchen mit Haselnüssen
Den Kuchen wie beschrieben zubereiten. Dabei vor dem Servieren mit gehackten Haselnüssen bestreuen.

Variationen

Haselnuss-Aprikosen-Kuchen

Grundrezept auf Seite 117

Haselnuss-Feigen-Kuchen
Den Teig wie beschrieben zubereiten. Dabei die Aprikosen durch getrocknete Feigen ersetzen.

Haselnuss-Sultaninen-Kuchen
Den Teig wie beschrieben zubereiten. Die Aprikosen durch Sultaninen ersetzen.

Mandel-Aprikosen-Kuchen
Den Teig wie beschrieben zubereiten. Die Haselnüsse durch Mandeln ersetzen.

Haselnuss-Orangen-Aprikosen-Kuchen
Den Teig wie beschrieben zubereiten. Dabei die Zitronenschale durch die fein abgeriebene Schale von 1 Orange ersetzen.

Haselnuss-Dattel-Kuchen
Den Teig wie beschrieben zubereiten. Dabei die Aprikosen durch getrocknete Datteln ersetzen.

Variationen

Honigkuchen mit Pinienkernen

Grundrezept auf Seite 118

Honigkuchen mit Mandeln
Den Kuchen wie beschrieben zubereiten. Dabei die Pinienkerne durch Mandelstifte ersetzen.

Honigkuchen mit Ingwer & Pinienkernen
Den Teig wie beschrieben zubereiten. Dabei zusätzlich mit den Pinienkernen 2 gehackte Stücke Ingwerpflaume in Sirup unterheben und 1 Teelöffel gemahlenen Ingwer unter das Mehl mischen.

Honigkuchen mit Orangenaroma
Den Teig wie beschrieben zubereiten. Dabei zusätzlich mit den Pinienkernen die fein abgeriebene Schale von 1 Orange unterheben.

Honigkuchen mit Zitronenaroma
Den Teig wie beschrieben zubereiten. Dabei zusätzlich mit den Pinienkernen die fein abgeriebene Schale von 1 Zitrone unterheben.

Honigkuchen mit Zimt
Den Teig wie beschrieben zubereiten. Dabei zusätzlich 1 Teelöffel Zimt unter das Mehl mischen.

Variationen

Pflaumenstreuselkuchen

Grundrezept auf Seite 121

Aprikosenstreuselkuchen
Den Kuchen wie beschrieben zubereiten. Dabei die Pflaumen durch frische
Aprikosen ersetzen.

Mandel-Pflaumen-Streuselkuchen
Die Streusel wie beschrieben zubereiten. Dabei die Haselnüsse durch
Mandeln ersetzen.

Orangen-Pflaumen-Streuselkuchen
Den Teig wie beschrieben zubereiten. Dabei das Vanillearoma durch die fein
abgeriebene Schale von 1 Orange ersetzen.

Zitronen-Pflaumen-Streuselkuchen
Den Teig wie beschrieben zubereiten. Dabei das Vanillearoma durch die fein
abgeriebene Schale von 1 Zitrone ersetzen.

Walnuss-Pflaumen-Streuselkuchen
Die Streusel wie beschrieben zubereiten. Dabei die Haselnüsse durch
Walnüsse ersetzen.

Variationen

Getränkter Orangenkuchen

Grundrezept auf Seite 122

Getränkter Orangenkuchen mit Haselnüssen
Den Teig wie beschrieben zubereiten. Die Mandeln durch Haselnüsse ersetzen.

Getränkter Zitronenkuchen
Den Sirup wie beschrieben zubereiten. Dabei Orangenschale und -saft durch fein abgeriebene Schale und Saft von 1 Zitrone ersetzen.

Orangenkuchen mit Puderzucker
Den Kuchen wie beschrieben zubereiten. Dabei den Sirup weglassen. Vor dem Servieren mit Puderzucker bestäuben.

Getränkter Orangenkuchen mit Mandelsirup
Den Sirup wie beschrieben zubereiten. Dabei zusätzlich 30 g gehackte Mandeln untermischen.

Variationen

Gestürzter Rhabarberkuchen

Grundrezept auf Seite 124

Gestürzter Rhabarber-Vanille-Kuchen
Den Teig wie beschrieben zubereiten. Dabei die Mandeln durch 1 Teelöffel Vanillearoma ersetzen.

Gestürzter Rhabarber-Zitronen-Kuchen
Den Teig wie beschrieben zubereiten. Dabei zusätzlich die fein abgeriebene Schale von 1 Zitrone mit den Mandeln unterheben.

Gestürzter Rhabarber-Orangen-Kuchen
Den Teig wie beschrieben zubereiten. Dabei zusätzlich die fein abgeriebene Schale von 1 Orange mit den Mandeln unterheben.

Würziger gestürzter Rhabarberkuchen
Den Teig wie beschrieben zubereiten. Dabei zusätzlich 1 Teelöffel Lebkuchengewürz mit den Mandeln untermischen.

Gestürzter Rhabarber-Ingwer-Kuchen
Den Teig wie beschrieben zubereiten. Dabei zusätzlich 3 gehackte Stücke Ingwerpflaume in Sirup mit den Mandeln unterheben und 1 Teelöffel gemahlenen Ingwer unter das Mehl mischen.

Käsekuchen

Der Käsekuchen ist einer der beliebtesten Kuchen
Deutschlands. Man muss jedoch neidlos anerkennen,
dass erst die Amerikaner es beim Käsekuchenbacken
zur wahren Meisterschaft gebracht haben. Lassen
Sie sich von sahnigen, fruchtigen oder schokoladi-
gen Kreationen überzeugen!

New York Cheesecake

Variationen auf Seite 162

In den USA ist dieser einfache, mit Vanille und Zitrone aromatisierte und mit saurer Sahne überzogene Käsekuchen schon lange ein Klassiker.

Kuchen
170 g fein zerkrümelte
    Vollkornbutterkekse
120 g Butter, zerlassen
500 g Frischkäse

120 g Feinstzucker
1 TL Speisestärke
175 g saure Sahne
3 Eier (Größe L)
1½ TL Vanillearoma

fein abgeriebene Schale und
    Saft von 1 Zitrone
Belag
300 g saure Sahne
2 EL Feinstzucker

Eine Springform (20 cm Ø) einfetten. Die Kekskrümel in die Butter rühren. Die Masse in die Form geben. Am Boden andrücken und einen kleinen Rand hochdrücken. 30 Minuten in den Kühlschrank stellen. Anschließend die Form wasserdicht in zwei Lagen Alufolie einschlagen.

Den Backofen auf 180 °C vorheizen. Den Frischkäse glatt rühren, Zucker und Speisestärke einarbeiten und die saure Sahne unterrühren. Nach und nach die Eier unterrühren, dann Vanillearoma, Zitronenschale und -saft. Die Masse auf dem Keksboden verteilen. Sanft an den Rand der Form klopfen, um die Oberfläche zu ebnen. Die Form in eine große, flache Bratform setzen und diese 2,5–3,5 cm hoch mit heißem Wasser füllen. Im Ofen etwa 40 Minuten backen.

Für den Belag saure Sahne und Zucker glatt rühren und auf dem Käsekuchen verstreichen. Den Kuchen weitere 10 Minuten backen. In der Form auf einem Kuchengitter abkühlen lassen und mindestens 4 Stunden oder über Nacht in den Kühlschrank stellen. Den Käsekuchen vor dem Servieren vorsichtig aus der Form lösen.

Ergibt 8 Stück

Honig-Ricotta-Käsekuchen

Variationen auf Seite 163

Ricotta und Mascarpone verleihen diesem honigsüßen Käsekuchen seine besondere Textur und sein wunderbares Aroma. Der Boden wird durch Pinienkerne besonders knusprig.

140 g fein zerkrümelte
  Vollkornbutterkekse
60 g geröstete Pinienkerne
60 g Butter, zerlassen
230 g Ricotta

230 g Mascarpone
5 EL saure Sahne
175 ml flüssiger Honig
2 TL Speisestärke, aufgelöst
  in 1 TL kaltem Wasser

fein abgeriebene Schale von
  1 Zitrone
4 Eier, verquirlt

Eine Springform (20 cm Ø) einfetten. Kekskrümel und Pinienkerne in die Butter rühren. Die Masse in die vorbereitete Form geben. Gut am Boden andrücken und einen kleinen Rand hochdrücken. 30 Minuten im Kühlschrank fest werden lassen. Anschließend die Springform wasserdicht in zwei Lagen Alufolie einschlagen.

Den Backofen auf 170 °C vorheizen. Ricotta und Mascarpone glatt rühren. Saure Sahne, Honig, Speisestärke und Zitronenschale einarbeiten und schließlich die Eier unterrühren. Die Masse auf dem Keksboden verteilen und glatt streichen.

Die Springform in eine große, flache Bratform setzen und diese etwa 2,5–3,5 cm hoch mit heißem Wasser füllen. Im vorgeheizten Ofen etwa 1 Stunde 25 Minuten backen, bis die Käsemasse fest ist (in der Mitte darf sie noch weich sein). In der Form auf einem Kuchengitter vollständig auskühlen lassen und über Nacht in den Kühlschrank stellen. Vor dem Servieren vorsichtig aus der Form lösen.

Ergibt 8 Stück

Limetten-Blaubeer-Käsekuchen

Variationen auf Seite 164

Cremig und reichhaltig ist dieser mit saftigen Blaubeeren gefüllte Käsekuchen, dem die Limette eine frische Note verleiht.

140 g fein zerkrümelte Vollkornbutterkekse
60 g Butter, zerlassen
500 g Frischkäse

140 g Feinstzucker
2 TL Speisestärke
175 g saure Sahne
3 Eier (Größe L)

fein abgeriebene Schale und Saft von 1 oder 2 Limetten
220 g frische Blaubeeren, plus 280 g zum Dekorieren

Eine Springform (24 cm Ø) einfetten. Die Kekskrümel in die Butter rühren. Die Masse in die vorbereitete Form geben und gut am Boden andrücken. 30 Minuten im Kühlschrank fest werden lassen. Anschließend die Springform wasserdicht in zwei Lagen Alufolie einschlagen.

Den Backofen auf 180 °C vorheizen. Den Frischkäse glatt rühren. Zucker und Speisestärke einarbeiten. Die saure Sahne sorgfältig unterrühren, anschließend Eier, Limettenschale und -saft. Die Blaubeeren unterheben und die Masse auf dem Keksboden verteilen. Sanft an den Rand der Form klopfen, um die Oberfläche zu ebnen.

Die Springform in eine große, flache Bratform setzen und diese etwa 2,5–3,5 cm hoch mit heißem Wasser füllen. Im vorgeheizten Ofen etwa 45 Minuten backen, bis die Käsemasse fest ist (in der Mitte darf sie noch weich sein). In der Form abkühlen lassen und mindestens 4 Stunden in den Kühlschrank stellen. Den Käsekuchen vorsichtig aus der Form lösen und mit frischen Blaubeeren servieren.

Ergibt 8–10 Stück

Käsekuchen mit weißer Schokolade

Variationen auf Seite 165

Dieser mousseartige Käsekuchen besticht mit dem milden Aroma von weißer Schokolade. Besonders hübsch: die Verzierung aus dunklem Kakaopulver.

140 g fein zerkrümelte Vollkornbutterkekse
60 g Butter, zerlassen
3 EL Zartbitter-Schokoladentropfen
170 g weiße Schokolade, in Stücke
    gebrochen
400 g Frischkäse

140 g Feinstzucker
175 g Crème fraîche
1 TL Vanillearoma
3 Eier (Größe L), getrennt
Kakaopulver, zum Bestäuben

Eine Springform (20 cm Ø) einfetten. Die Kekskrümel in die Butter rühren. Die Masse in die vorbereitete Form geben und gut am Boden andrücken. Die Schokoladentropfen darauf verteilen und leicht andrücken. 30 Minuten im Kühlschrank fest werden lassen.

Den Backofen auf 180 °C vorheizen. Die Schokolade in eine hitzebeständige Schüssel geben und im Wasserbad über leicht köchelndem Wasser langsam schmelzen, dann den Topf vom Herd nehmen und etwa 10 Minuten abkühlen lassen.

Den Frischkäse glatt rühren. Dann nacheinander Zucker, Crème fraîche und Vanillearoma unterrühren, bis eine cremige Masse entstanden ist. Nach und nach das Eigelb unterrühren und die abgekühlte weiße Schokolade unterziehen.

Das Eiweiß in einer separaten Schüssel steif schlagen und unter die Käsemasse heben. Auf den Keksboden geben und glatt streichen.

Im vorgeheizten Ofen 50 Minuten backen, bis die Käsemasse fest ist (in der Mitte darf sie noch weich sein). In der Form abkühlen lassen und mindestens 4 Stunden in den Kühlschrank stellen. Vor dem Servieren vorsichtig aus der Form lösen und mit Kakaopulver bestäuben.

Ergibt 8–10 Stück

Cappuccino-Käsekuchen

Variationen auf Seite 166

Der süße, sahnige dreifarbige Käsekuchen mit seiner fein-herben Kaffeenote ist ein perfekter Begleiter zu einer Tasse frisch aufgebrühtem Kaffee.

140 g fein zerkrümelte
   Vollkornbutterkekse
60 g Butter, zerlassen
570 g Mascarpone
5 EL Crème fraîche

4 EL Instant-Kaffee, aufgelöst
   in 4 EL heißem Wasser
100 g Feinstzucker, plus 1$\frac{1}{2}$ TL
   für den Belag
4 Eier, verquirlt

250 g saure Sahne
Kakaopulver, zum Bestäuben

Eine Springform (20 cm Ø) einfetten. Die Kekskrümel in die Butter rühren. Die Masse in die vorbereitete Form geben und gut am Boden andrücken. 30 Minuten im Kühlschrank fest werden lassen. Anschließend die Springform wasserdicht in zwei Lagen Alufolie einschlagen.

Den Backofen auf 180 °C vorheizen. Mascarpone und Crème fraîche glatt rühren, dann Kaffee und Zucker einarbeiten. Die Eier sorgfältig unterrühren. Die Käsemasse auf den Keksboden geben und glatt streichen. Die Springform in eine große, flache Bratform setzen und diese bis auf halbe Höhe der Springform mit heißem Wasser füllen. Im Ofen etwa 50 Minuten backen, bis die Käsemasse fest ist.

Den restlichen Zucker mit der sauren Sahne verrühren. Den Käsekuchen aus dem Ofen nehmen und die Oberfläche damit bestreichen. Wieder in den Ofen stellen und weitere 10 Minuten backen. In der Form auf einem Kuchengitter abkühlen lassen, dann mindestens 4 Stunden in den Kühlschrank stellen. Zum Servieren aus der Form lösen und mit Kakao bestäuben.

Ergibt 8 Stück

Käsekuchen mit Johannisbeeren

Variationen auf Seite 167

Die fein-sahnige Käsemasse kontrastiert hier wunderbar mit dem fruchtigen Belag aus schwarzen Johannisbeeren. Sie können frische oder tiefgekühlte Beeren verwenden.

Kuchen	250 g saure Sahne	Belag
140 g fein zerkrümelte	140 g Feinstzucker	525 g schwarze Johannisbeeren
Vollkornbutterkekse	2 TL Vanillearoma	1 EL Wasser
60 g Butter, zerlassen	3 Eier (Größe L)	4 EL Feinstzucker
500 g Frischkäse		

Eine Springform (24 cm Ø) einfetten. Die Kekskrümel in die Butter rühren. Die Masse in die vorbereitete Form geben und gut am Boden andrücken. 30 Minuten im Kühlschrank fest werden lassen. Anschließend die Springform wasserdicht in zwei Lagen Alufolie einschlagen.

Den Backofen auf 180 °C vorheizen. Den Frischkäse mit saurer Sahne, Zucker und Vanillearoma glatt rühren. Nach und nach die Eier sorgfältig unterrühren. Die Käsemasse auf den Keksboden geben und glatt streichen.

Die Springform in eine große, flache Bratform setzen und diese etwa 2,5–3,5 cm hoch mit heißem Wasser füllen. Im Ofen etwa 50 Minuten backen, bis die Käsemasse fest ist (in der Mitte darf sie noch weich sein). Aus dem Ofen nehmen und in der Form abkühlen lassen.

Für den Belag Johannisbeeren, Wasser und Zucker in einem Topf langsam unter gelegentlichem Rühren zum Kochen bringen. Köcheln lassen, bis die Johannisbeeren zusammenfallen. Vom Herd nehmen und bei Bedarf noch etwas Zucker dazugeben. Dann abkühlen lassen.

Die Beeren auf dem erkalteten Käsekuchen verteilen und mindestens 4 Stunden oder über Nacht in den Kühlschrank stellen. Vor dem Servieren vorsichtig aus der Form lösen.

Ergibt 8–10 Stück

Frischer Zitronen-Käsekuchen

Variationen auf Seite 168

Bei dieser Light-Version besteht die Käsemasse aus fettarmem Frischkäse und Mager-quark. Dadurch erhält der Kuchen eine lockere, fast mousseartige Konsistenz und schmeckt aufgrund der leichten Zitrusnote herrlich frisch.

140 g Ingwerkekse
60 g Butter, zerlassen
400 g fettarmer Frischkäse
200 g Magerquark
3 EL saure Sahne

140 g Feinstzucker
2 TL Speisestärke
3 Eier (Größe XL)
fein abgeriebene Schale von 2 Zitronen
Saft von 1 Zitrone

Eine Springform (20 cm Ø) einfetten. Die Kekse im Mixer zu feinen Krümeln verarbeiten und in die Butter rühren. Die Masse in die Form geben und gut am Boden andrücken. 30 Minuten in den Kühlschrank stellen. Anschließend die Form wasserdicht in zwei Lagen Alufolie einschlagen.

Den Backofen auf 180 °C vorheizen. Den Frischkäse glatt rühren und mit Quark, saurer Sahne, Zucker und Speisestärke zu einer cremigen Masse verrühren. Nach und nach die Eier unter-rühren, dann Zitronenschale und -saft. Die Masse auf dem Keksboden verteilen und sanft an den Rand der Form klopfen, um die Oberfläche zu ebnen.

Die Springform in eine große, flache Bratform setzen und diese etwa 2,5–3,5 cm hoch mit hei-ßem Wasser füllen. Im vorgeheizten Ofen etwa 50 Minuten backen, bis die Käsemasse fest ist (in der Mitte darf sie noch weich sein). In der Form abkühlen lassen und mindestens 4 Stunden in den Kühlschrank stellen. Vor dem Servieren vorsichtig aus der Form lösen.

Ergibt 8 Stück

Erdbeer-Vanille-Käsekuchen

Variationen auf Seite 169

Hier wird die Käsemasse nicht durch Backen, sondern mit Gelatine verfestigt. Servieren Sie diesen Kuchen mit frischen Erdbeeren.

140 g fein zerkrümelte Vollkornbutterkekse
80 g Butter, zerlassen
250 g Frischkäse
140 g Feinstzucker
250 g Sahne
500 g frische reife Erdbeeren, geputzt

Saft von 1 Zitrone
1 TL Vanillearoma
6 EL kaltes Wasser
1 Päckchen gemahlene Gelatine
15 ganze Erdbeeren, zum Dekorieren

Eine Springform (20 cm Ø) einfetten. Die Kekskrümel in die Butter rühren. Die Masse in die vorbereitete Form geben und gut am Boden andrücken. 30 Minuten im Kühlschrank fest werden lassen.

Frischkäse und Zucker glatt rühren. Die Sahne in einer zweiten Schüssel steif schlagen. Die Erdbeeren im Mixer oder mit einem Pürierstab fein pürieren und durch ein Sieb passieren. Zitronensaft und Vanillearoma unterrühren. Sorgfältig unter die Käsemasse ziehen.

Das Wasser in eine kleine Schale geben, die Gelatine einstreuen und nach Packungsangaben auflösen. Dann unter die Käsemasse ziehen. Erst etwa ein Viertel der Masse unter die Sahne ziehen, dann den Rest. Die Masse auf dem Keksboden verstreichen und mindestens 3 Stunden oder über Nacht im Kühlschrank fest werden lassen. Zum Servieren aus der Form lösen und mit ganzen Erdbeeren servieren.

Ergibt 8 Stück

Dunkler Schokoladen-Käsekuchen

Variationen auf Seite 170

Schokoladig, cremig und sehr gehaltvoll – dieser Käsekuchen mit dem wunderbaren Schmelz von Zartbitterschokolade ist perfekt als Dessert oder zum Nachmittagskaffee.

170 g fein zerkrümelte Vollkornbutterkekse	250 g saure Sahne
2 TL Kakaopulver	140 g Feinstzucker
80 g Butter, zerlassen	2 TL Speisestärke
200 g Zartbitterschokolade, in Stücke gebrochen	3 Eier (Größe L)
400 g Frischkäse	Schokoladenröllchen, zum Dekorieren

Eine Springform (20 cm Ø) einfetten. Kekskrümel und Kakaopulver in die Butter rühren. Die Masse in die Form geben. Am Boden andrücken und einen kleinen Rand hochdrücken. 30 Minuten in den Kühlschrank stellen. Anschließend die Form wasserdicht in zwei Lagen Alufolie einschlagen.

Den Backofen auf 170 °C vorheizen. Die Schokolade in eine hitzebeständige Schüssel geben und im Wasserbad schmelzen. Dann vom Herd nehmen und etwas abkühlen lassen. Den Frischkäse glatt rühren und saure Sahne, Zucker und Speisestärke einarbeiten.

Nach und nach die Eier unterrühren, dann die abgekühlte Schokolade unterziehen. Die Käsemasse auf den Keksboden geben und glatt streichen. Die Springform in eine große, flache Bratform setzen und diese etwa 2,5–3,5 cm hoch mit heißem Wasser füllen. Im vorgeheizten Ofen etwa 50 Minuten backen, bis die Käsemasse fest ist (in der Mitte darf sie noch weich sein). In der Form abkühlen lassen und mindestens 4 Stunden oder über Nacht in den Kühlschrank stellen. Vor dem Servieren aus der Form lösen und mit Schokoladenröllchen dekorieren.

Ergibt 8 Stück

Amaretto-Käsekuchen

Variationen auf Seite 171

Dieser sahnige Kuchen erhält durch die zerkrümelten Amaretti eine ganz besondere Textur. Sein feines Mandelaroma lässt jedes Genießerherz höher schlagen.

200 g Amaretti	130 g Crème fraîche	6 EL Amaretto
80 g Butter, zerlassen	130 g Feinstzucker	3 Eier (Größe L)
200 g Frischkäse	2 TL Speisestärke, aufgelöst in	zerdrückte Amaretti, zum
250 g Mascarpone	2 TL Wasser	Dekorieren

Eine Springform (20 cm Ø) einfetten. 140 g Amaretti im Mixer zu feinen Krümeln verarbeiten und in die Butter rühren. Die Masse in die vorbereitete Form geben und gut am Boden andrücken. 30 Minuten im Kühlschrank fest werden lassen. Anschließend die Springform wasserdicht in zwei Lagen Alufolie einschlagen.

Den Backofen auf 180 °C vorheizen. Frischkäse und Mascarpone glatt rühren. Crème fraîche, Zucker und Speisestärke einarbeiten. Den Amaretto, dann nach und nach die Eier sorgfältig unterrühren. Die restlichen Amaretti in einem Gefrierbeutel mithilfe eines Teigrollers zerdrücken und unter die Käsemasse heben.

Die Masse auf dem Keksboden verteilen und sanft an den Rand der Form klopfen, um die Oberfläche zu ebnen. Die Springform in eine große, flache Bratform setzen und diese etwa 2,5–3,5 cm hoch mit heißem Wasser füllen.

Im vorgeheizten Ofen etwa 50 Minuten backen, bis die Käsemasse fest ist (in der Mitte darf sie noch weich sein). In der Form abkühlen lassen und mindestens 4 Stunden oder über

Nacht in den Kühlschrank stellen. Vor dem Servieren vorsichtig aus der Form lösen und mit den Amaretti-Krümeln bestreuen.

Ergibt 8 Stück

Mango-Käsekuchen

Variationen auf Seite 172

Wählen Sie für dieses einfache Käsekuchenrezept nur weiche, vollreife Mangos. Der besondere Clou ist die Kombination von griechischem Joghurt und Frischkäse.

140 g Ingwerkekse
80 g Butter, zerlassen
2 große vollreife Mangos, geschält, Fruchtfleisch
    vom Stein geschnitten
Saft von 2 Limetten
200 g Frischkäse

130 g Feinstzucker
175 g griechischer Joghurt
6 EL kaltes Wasser
1 Päckchen gemahlene Gelatine
Mangoscheiben, zum Dekorieren

Eine Springform (20 cm Ø) einfetten. Die Kekse im Mixer zu feinen Krümeln verarbeiten und in die Butter rühren. Die Masse in die vorbereitete Form geben und gut am Boden andrücken. 30 Minuten im Kühlschrank fest werden lassen.

Die Mangos mit einem Pürierstab oder im Mixer pürieren und den Limettensaft unterrühren.

Frischkäse und Zucker in einer Schüssel glatt rühren. Den Joghurt einarbeiten und das Mangopüree unterziehen.

Das Wasser in eine kleine Schale geben, die Gelatine einstreuen und nach Packungsangaben auflösen. Dann unter die Käsemasse ziehen. Auf dem Keksboden verstreichen und mindestens 3 Stunden oder über Nacht im Kühlschrank fest werden lassen. Vor dem Servieren vorsichtig aus der Form lösen und mit Mangoscheiben dekorieren.

Ergibt 8 Stück

Käsekuchen mit Rumrosinen

Variationen auf Seite 173

Hier werden Rosinen zunächst in Rum getränkt und dann im Käsekuchen verbacken. Am besten schmeckt er, wenn er 20 Minuten vor dem Servieren aus dem Kühlschrank genommen wird.

70 g Rosinen
4 EL Rum
170 g fein zerkrümelte Vollkornbutterkekse
100 g Butter, zerlassen
500 g Frischkäse

130 g Crème fraîche
130 g Feinstzucker
1 TL Speisestärke
1 TL Vanillearoma
2 Eier

Die Rosinen mit dem Rum in eine Schüssel geben und über Nacht einweichen lassen.

Eine Springform (24 cm Ø) einfetten. Die Kekskrümel in die Butter rühren. Die Masse in die vorbereitete Form geben und gut am Boden andrücken. 30 Minuten im Kühlschrank fest werden lassen.

Den Backofen auf 180 °C vorheizen. Frischkäse, Crème fraîche, Zucker und Speisestärke glatt rühren. Vanillearoma und Eier einarbeiten. Nun Rosinen samt Rum unterheben. Die Käsemasse auf den Keksboden geben und glatt streichen.

Im Ofen 50–55 Minuten backen, bis die Käsemasse fest ist (in der Mitte darf sie noch weich sein). Aus dem Ofen nehmen, in der Form abkühlen lassen und mindestens 3 Stunden oder über Nacht in den Kühlschrank stellen. Vor dem Servieren vorsichtig aus der Form lösen.

Ergibt 8–10 Stück

Variationen

New York Cheesecake

Grundrezept auf Seite 139

New York Cheesecake mit Himbeeren
Den Kuchen wie beschrieben zubereiten. Dabei vor dem Servieren mit frischen Himbeeren belegen.

New York Cheesecake mit Ingwerkeksen
Den Kuchen wie beschrieben zubereiten. Dabei die Butterkekse durch Ingwerkekse ersetzen. Vor dem Servieren mit frischen Erdbeerscheiben belegen.

New York Cheesecake mit Orangengeschmack & Schokolade
Den Kuchen wie beschrieben zubereiten. Dabei das Vanillearoma durch die fein abgeriebene Schale von 1 Orange ersetzen. Vor dem Servieren mit Zartbitter-Schokoladenröllchen (Seite 27) dekorieren.

New York Cheesecake mit Feigen
Den Kuchen wie beschrieben zubereiten. Dabei vor dem Servieren mit frischen Feigenscheiben belegen.

New York Cheesecake mit Blaubeeren
Den Kuchen wie beschrieben zubereiten. Dabei vor dem Servieren mit frischen Blaubeeren belegen.

Variationen

Honig-Ricotta-Käsekuchen

Grundrezept auf Seite 140

Honig-Ricotta-Käsekuchen mit Ingwerkeksen
Den Kuchen wie beschrieben zubereiten. Dabei die Butterkekse durch
Ingwerkekse ersetzen. Zusätzlich 2 gehackte Stücke Ingwerpflaume in Sirup
unter die Käsemasse heben.

Honig-Ricotta-Käsekuchen mit Orange
Den Kuchen wie beschrieben zubereiten. Dabei die Zitronenschale durch die
fein abgeriebene Schale von 1 Orange ersetzen.

Honig-Ricotta-Käsekuchen mit Sultaninen
Den Kuchen wie beschrieben zubereiten. Dabei zusätzlich 80 g Sultaninen
unter die Käsemasse heben.

Honig-Ricotta-Käsekuchen mit Vanille
Den Kuchen wie beschrieben zubereiten. Dabei die Zitronenschale durch
$1/2$ Teelöffel Vanillearoma ersetzen.

Honig-Ricotta-Käsekuchen mit Kirschen
Den Kuchen wie beschrieben zubereiten. Dabei zusätzlich 80 g getrocknete
Kirschen unter die Käsemasse heben.

Variationen

Limetten-Blaubeer-Käsekuchen

Grundrezept auf Seite 143

Vanille-Blaubeer-Käsekuchen
Den Kuchen wie beschrieben zubereiten. Dabei Limettenschale und -saft durch 1½ Teelöffel Vanillearoma ersetzen.

Zitronen-Blaubeer-Käsekuchen
Den Kuchen wie beschrieben zubereiten. Dabei Limettenschale und -saft durch fein abgeriebene Schale und Saft von 1 Zitrone ersetzen.

Orangen-Blaubeer-Käsekuchen
Den Kuchen wie beschrieben zubereiten. Dabei Limettenschale und -saft durch fein abgeriebene Schale und Saft von 1 Orange ersetzen.

Vanille-Käsekuchen mit Schokoladenröllchen
Den Kuchen wie beschrieben zubereiten. Dabei Limettenschale und -saft durch 2 Teelöffel Vanillearoma und den Blaubeerbelag durch weiße Schokoladenröllchen (Seite 27) ersetzen.

Limitten-Pistazien-Käsekuchen
Den Kuchen wie beschrieben zubereiten. Dabei den Blaubeerbelag durch gehackte ungesalzene Pistazien ersetzen. Für ein intensiveres Limettenaroma 2 Limetten verwenden.

Variationen

Käsekuchen mit weißer Schokolade

Grundrezept auf Seite 144

Käsekuchen mit weißer Schokolade & Himbeeren
Den Kuchen wie beschrieben zubereiten. Dabei vor dem Servieren nicht mit Kakaopulver bestäuben, sondern mit frischen Himbeeren belegen.

Käsekuchen mit weißer Schokolade & Erdbeeren
Den Kuchen wie beschrieben zubereiten. Dabei vor dem Servieren nicht mit Kakaopulver bestäuben, sondern mit frischen Erdbeeren belegen.

Käsekuchen mit dunkler Schokolade
Den Kuchen wie beschrieben zubereiten. Dabei nicht mit Kakaopulver bestäuben, sondern mit Zartbitter-Schokoladenröllchen (Seite 27) dekorieren.

Schneeweißer Schokoladen-Käsekuchen
Den Kuchen wie beschrieben zubereiten. Dabei die Schokoladentropfen weglassen und nicht mit Kakaopulver bestäuben, sondern mit weißen Schokoladenröllchen (Seite 27) dekorieren.

Käsekuchen mit weißer Schokolade & Orange
Den Kuchen wie beschrieben zubereiten. Dabei das Vanillearoma durch die fein abgeriebene Schale von 1 Orange ersetzen.

Variationen

Cappuccino-Käsekuchen

Grundrezept auf Seite 147

Kaffee-Vanille-Käsekuchen
Den Kuchen wie beschrieben zubereiten. Dabei zusätzlich 1 Teelöffel Vanille-aroma unter die Käsemasse rühren.

Kaffee-Haselnuss-Käsekuchen
Den Kuchen wie beschrieben zubereiten. Dabei zusätzlich 3 Esslöffel fein gehackte geröstete Haselnüsse unter die Kekskrümel mischen.

Kaffee-Toffee-Käsekuchen
Den Kuchen wie beschrieben zubereiten. Dabei vor dem Servieren zusätzlich mit fertigem Karamellsirup (Dulce de leche, Feinkosthandel) beträufeln.

Kaffee-Schokoladen-Käsekuchen
Den Kuchen wie beschrieben zubereiten. Dabei zusätzlich 40 g Zartbitter-Schokoladentropfen unter die Kekskrümel mischen.

Cappuccino-Käsekuchen mit Ingwerkeksen
Den Kuchen wie beschrieben zubereiten. Dabei die Butterkekse durch Ingwerkekse ersetzen.

Variationen

Käsekuchen mit Johannisbeeren

Grundrezept auf Seite 148

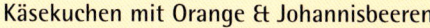

Käsekuchen mit Orange & Johannisbeeren
Den Kuchen wie beschrieben zubereiten. Dabei zusätzlich die fein abgeriebene Schale von 1 Orange unter die Käsemasse rühren.

Käsekuchen mit Johannisbeeren, Ingwer & Zitrone
Die Butterkekse durch Ingwerkekse ersetzen. Zusätzlich die fein abgeriebene
Schale von 1 Zitrone unter die Käsemasse rühren.

Sommerbeeren-Käsekuchen
Die Johannisbeeren durch gemischte Beeren ersetzen. Nur die halbe Menge
Wasser und Zucker verwenden.

Blaubeer-Käsekuchen
Die Johannisbeeren durch Blaubeeren ersetzen. Nur die halbe Menge Wasser
und Zucker verwenden und den Belag zusätzlich mit einem Spritzer Zitronensaft abschmecken.

Kirsch-Käsekuchen
Die Johannisbeeren durch entsteinte Kirschen ersetzen. Nur die halbe Menge
Wasser und Zucker verwenden und den Belag zusätzlich mit einem Spritzer
Zitronensaft abschmecken.

Variationen

Frischer Zitronen-Käsekuchen

Grundrezept auf Seite 151

Saftiger Orangen-Käsekuchen
Den Kuchen wie beschrieben zubereiten. Dabei die Zitronenschale durch die fein abgeriebene Schale von 2 Orangen ersetzen.

Zitronen-Ingwer-Käsekuchen
Den Kuchen wie beschrieben zubereiten. Dabei zusätzlich 3 gehackte Stücke Ingwerpflaume in Sirup unter die Käsemasse heben.

Limetten-Käsekuchen
Den Kuchen wie beschrieben zubereiten. Die Zitronen durch Limetten ersetzen.

Zitronen-Haselnuss-Käsekuchen
Den Kuchen wie beschrieben zubereiten. Dabei die Ingwerkekse durch 130 g Vollkornbutterkekse und 80 g gemahlene geröstete Haselnüsse ersetzen.

Zitronen-Mandel-Käsekuchen
Den Kuchen wie beschrieben zubereiten. Dabei die Ingwerkekse durch 130 g Vollkornbutterkekse und 50 g gemahlene Mandeln ersetzen.

Variationen

Erdbeer-Vanille-Käsekuchen

Grundrezept auf Seite 152

Himbeer-Orangen-Käsekuchen
Den Kuchen wie beschrieben zubereiten. Dabei das Vanillearoma durch
die fein abgeriebene Schale von 1 Orange und die Erdbeeren durch
Himbeeren ersetzen.

Vanille-Käsekuchen mit gemischten Beeren
Den Kuchen wie beschrieben zubereiten. Dabei die Erdbeeren durch
gemischte Beeren ersetzen.

Kirsch-Vanille-Käsekuchen
Den Kuchen wie beschrieben zubereiten. Dabei die Erdbeeren durch
entsteinte frische Kirschen oder Kirschen aus dem Glas ersetzen.

Blaubeer-Vanille-Käsekuchen
Den Kuchen wie beschrieben zubereiten. Dabei die Erdbeeren durch
Blaubeeren ersetzen.

Pfirsich-Vanille-Käsekuchen
Den Kuchen wie beschrieben zubereiten. Dabei die Erdbeeren durch
entsteinte, gehäutete Pfirsiche ersetzen.

Variationen

Dunkler Schokoladen-Käsekuchen

Grundrezept auf Seite 155

Schokoladen-Orangen-Käsekuchen
Den Kuchen wie beschrieben zubereiten. Dabei zusätzlich die fein abgeriebene Schale von 1 Orange unter die Käsemasse rühren.

Käsekuchen mit Kaffee
Den Kuchen wie beschrieben zubereiten. Dabei zusätzlich 1 Esslöffel Instant-Kaffee, aufgelöst in 1 Esslöffel heißem Wasser, unter die Käsemasse rühren.

Schokoladen-Rosinen-Käsekuchen
Den Kuchen wie beschrieben zubereiten. Dabei zusätzlich 80 g Rosinen unter die Käsemasse heben.

Schokoladen-Rum-Käsekuchen
Den Kuchen wie beschrieben zubereiten. Dabei zusätzlich 1 Esslöffel Rum unter die Käsemasse rühren.

Schokoladen-Ingwer-Käsekuchen
Den Kuchen wie beschrieben zubereiten. Dabei die Butterkekse durch Ingwerkekse ersetzen.

Variationen

Amaretto-Käsekuchen

Grundrezept auf Seite 156

Amaretto-Kahlua-Käsekuchen
Den Kuchen wie beschrieben zubereiten. Dabei die Hälfte des Amarettos durch Kahlua ersetzen.

Amaretto-Vanille-Käsekuchen
Den Kuchen wie beschrieben zubereiten. Dabei zusätzlich 1$\frac{1}{2}$ Teelöffel Vanillearoma unter die Käsemasse rühren.

Amaretto-Schokoladen-Käsekuchen
Den Kuchen wie beschrieben zubereiten. Dabei zusätzlich 125 g Zartbitter-Schokoladentropfen unter die Käsemasse heben.

Kaffee-Amaretto-Käsekuchen
Den Kuchen wie beschrieben zubereiten. Dabei zusätzlich 2 Esslöffel Instant-Kaffee, aufgelöst in 2 Esslöffeln heißem Wasser, unter die Käsemasse rühren.

Amaretto-Zitronen-Käsekuchen
Den Teig wie beschrieben zubereiten. Dabei zusätzlich die fein abgeriebene Schale von 1 Zitrone unter die Käsemasse rühren.

Variationen

Mango-Käsekuchen

Grundrezept auf Seite 159

Mango-Passionsfrucht-Käsekuchen
Den Kuchen wie beschrieben zubereiten. Dabei vor dem Servieren anstatt mit Mango mit dem Fruchtfleisch von 4–5 Passionsfrüchten dekorieren.

Mango-Passionsfrucht-Orange-Käsekuchen
Den Kuchen wie beschrieben zubereiten. Dabei zusätzlich die fein abgeriebene Schale von 1 Orange unter die Käsemasse rühren. Vor dem Servieren anstatt mit Mango mit dem Fruchtfleisch von 4–5 Passionsfrüchten dekorieren.

Limetten-Mango-Käsekuchen
Den Kuchen wie beschrieben zubereiten. Dabei zusätzlich die fein abgeriebene Schale von 2 Limetten unter die Käsemasse rühren.

Mango-Papaya-Käsekuchen
Den Kuchen wie beschrieben zubereiten. Dabei vor dem Servieren anstatt mit Mango mit den Scheiben von 1–2 Papayas dekorieren.

Mango-Bananen-Käsekuchen
Den Kuchen wie beschrieben zubereiten. Dabei vor dem Servieren anstatt mit Mango mit Bananenscheiben dekorieren.

Käsekuchen mit Rumrosinen

Grundrezept auf Seite 160

Käsekuchen mit Kirschen
Den Kuchen wie beschrieben zubereiten. Dabei die Rosinen durch getrocknete Kirschen und den Rum durch Kirschwasser ersetzen.

Käsekuchen mit Blaubeeren
Den Kuchen wie beschrieben zubereiten. Dabei die Rosinen durch getrocknete Blaubeeren ersetzen.

Käsekuchen mit Rosinen & Vanille
Den Kuchen wie beschrieben zubereiten. Dabei den Rum weglassen und die
Rosinen nicht einweichen.

Käsekuchen mit Aprikosen & Amaretto
Den Kuchen wie beschrieben zubereiten. Dabei die Rosinen durch getrocknete Aprikosen und den Rum durch Amaretto ersetzen.

Käsekuchen mit Rosinen & Orange
Den Kuchen wie beschrieben zubereiten. Dabei das Vanillearoma durch die
fein abgeriebene Schale von 1 Orange ersetzen.

Torten & Co.

Torten haben immer einen hohen Glamourfaktor
und sorgen nicht nur an der Kaffeetafel, sondern
auch als Dessert für glückliche Gesichter. Aber wozu
auf einen besonderen Anlass warten? Torten kann
man jeden Tag genießen!

Einfache Schwarzwälder Kirschtorte

Variationen auf Seite 198

Diese einfache Variante einer Schwarzwälder Kirschtorte macht sich auch ganz wunderbar auf einem Partybuffet.

200 g zimmerwarme Butter
140 g Feinstzucker
3 Eier
200 g Mehl
2 TL Backpulver
80 g Kakaopulver

120 ml Buttermilch (oder
    60 ml Milch gemischt mit
    4 EL Naturjoghurt)
80 ml Milch
850 g entsteinte Kirschen aus
    dem Glas, abgetropft

4 EL Kirschwasser
625 g Sahne, geschlagen
Zartbitter-Schokoladenröllchen
    (Seite 27), zum Dekorieren

Den Backofen auf 180 °C vorheizen. Eine Springform (24 cm Ø) einfetten und den Boden mit Backpapier auslegen. Butter und Zucker cremig rühren, dann nach und nach die Eier unterrühren. Mehl, Backpulver und Kakao darübersieben und unterziehen. Anschließend Buttermilch und Milch unterrühren. Den Teig in die Form füllen und etwa 45 Minuten backen, bis der Kuchen aufgegangen ist und ein in die Mitte gestochener Holzspieß trocken und sauber bleibt. 15 Minuten abkühlen lassen, dann aus der Form lösen und auf einem Kuchengitter vollständig auskühlen lassen. Einige Kirschen für die Dekoration beiseitelegen. Den Kuchen mit einem Brotmesser horizontal in drei Böden schneiden. Den unteren Boden auf eine Tortenplatte setzen, mit etwa einem Drittel des Kirschwassers tränken und mit der Hälfte der Kirschen belegen. Mit einem Viertel der Schlagsahne bestreichen und den zweiten Boden daraufsetzen. Wiederum mit Kirschwasser tränken und Kirschen und Sahne garnieren. Den letzten Boden daraufsetzen. Mit dem restlichen Kirschwasser beträufeln und die Torte mit Schlagsahne überziehen. 2 Stunden in den Kühlschrank stellen und vor dem Servieren mit Kirschen und Schokoladenröllchen dekorieren.

Ergibt 8–10 Stück

Sachertorte

Variationen auf Seite 199

Die weltberühmte Wiener Torte wurde 1832 von dem erst 16-jährigen Kochlehrling Franz Sacher erfunden. Traditionell wird sie mit dem Schriftzug „Sacher" verziert.

80 g Mehl	4 Eier, getrennt
4 EL Kakaopulver	2 EL Aprikosenkonfitüre
120 g Butter	200 g Zartbitterschokolade, gehackt
200 g Feinstzucker	175 g Sahne

Den Backofen auf 180 °C vorheizen. Eine Springform (20 cm Ø) einfetten und den Boden mit Backpapier auslegen. Mehl und Kakao in eine große Schüssel sieben.

Die Butter in einem Topf bei kleiner Hitze zerlassen, dann vom Herd nehmen. Mit dem Zucker verrühren und anschließend das Eigelb unterrühren. Zu der Mehl-Kakao-Mischung geben und kurz unterziehen.

Das Eiweiß in einer sauberen Schüssel steif schlagen und unter den Teig heben. Den Teig in die vorbereitete Form füllen und glatt streichen. Im vorgeheizten Ofen etwa 40 Minuten backen, bis ein in die Mitte gestochener Holzspieß trocken und sauber bleibt. Etwa 10 Minuten abkühlen lassen, dann aus der Form lösen und auf einem Kuchengitter vollständig auskühlen lassen.

Die Konfitüre etwas erwärmen und die Torte rundum damit bestreichen. Für die Ganache Schokolade und Sahne in eine hitzebeständige Schüssel geben und im Wasserbad unter gelegentlichem Rühren schmelzen. Etwa 2 Esslöffel Ganache in einen kleinen Spritzbeutel

füllen und beiseitestellen. Mit der restlichen Ganache die Sachertorte überziehen. Die Torte mit dem Wort „Sacher" beschriften.

Ergibt 8 Stück

Schokoladentorte mit Beeren

Variationen auf Seite 200

Diese Torte ist ideal, wenn man sich nicht zwischen Schokolade, Cremetorte und Obstkuchen entscheiden kann.

Teig
250 g Zartbitterschokolade
170 g Butter gewürfelt
200 g Feinstzucker
3 Eier (Größe L)
80 g Mehl
2 Esslöffel Instant-Kaffee, aufgelöst in
    2 Esslöffeln heißem Wasser

Schoko-Buttercreme
300 g Zartbitterschokolade, gehackt
80 g Butter
Garnierung
300 g gemischte frische Beeren

Den Backofen auf 160 °C vorheizen. Eine Springform (20 cm Ø) einfetten und den Boden mit Backpapier auslegen. Die Schokolade in Stücke brechen und mit der Butter in eine hitzebeständige Schüssel geben. Im Wasserbad sanft erhitzen, bis Schokolade und Butter geschmolzen sind. Vom Herd nehmen und etwas abkühlen lassen. Den Zucker einarbeiten und nach und nach die Eier unterrühren. Das Mehl darübersieben und unterziehen, dann den Kaffee unterrühren. Den Teig in die Form füllen und 55 Minuten backen, bis der Kuchen oben fest ist. In der Mitte darf er noch weich sein; er wird beim Abkühlen fest. In der Form auskühlen lassen.

Den Kuchen vorsichtig aus der Form lösen und horizontal halbieren. Für die Creme Schokolade und Butter im Wasserbad schmelzen und glatt rühren. Vom Herd nehmen und etwas abkühlen lassen. Die beiden Teigböden mit einem Drittel der Creme wieder zusammensetzen und die Torte mit der restlichen Buttercreme überziehen. Zuletzt mit den Beeren garnieren.

Ergibt 8 Stück

Boston Cream Pie

Variationen auf Seite 201

Lassen Sie sich durch den Namen nicht in die Irre führen, denn eigentlich handelt es sich um eine Torte aus Rührteig mit feiner Vanillecremefüllung und Ganache-Überzug.

Teig		
170 g zimmerwarme Butter	1 TL Vanillearoma	1 TL Vanillearoma
140 g Feinstzucker	Vanillecreme	2 EL Mehl
3 Eier	120 ml Milch	Ganache
140 g Mehl	175 g Sahne	100 g Zartbitterschokolade
1½ TL Backpulver	3 Eigelb	120 g Sahne
	2 EL Feinstzucker	

Den Backofen auf 180 °C vorheizen. Zwei Springformen (20 cm Ø) einfetten und den Boden mit Backpapier auslegen.

Butter und Zucker cremig rühren, dann nach und nach die Eier unterrühren. Mehl und Backpulver darübersieben, das Vanillearoma hinzufügen und sorgfältig unterheben. Den Teig in die vorbereiteten Formen füllen und mit einem Löffelrücken glatt streichen. Im vorgeheizten Ofen 20–25 Minuten backen, bis die Kuchen bei leichtem Fingerdruck elastisch nachgeben. Auf ein Kuchengitter stürzen, das Backpapier vorsichtig abziehen und die Böden vollständig auskühlen lassen. Unterdessen für die Vanillecreme Milch und Sahne in einem Topf bis knapp unter den Siedepunkt erhitzen. Eigelb und Zucker in einer großen Rührschüssel schaumig rühren. Vanillearoma und schließlich das Mehl unterrühren. Die heiße Milch unter ständigem Rühren in einem dünnen Strahl dazugießen. Die Creme wieder in den Topf füllen und 2 Minuten unter Rühren köcheln, bis sie eindickt.

Die Vanillecreme in eine Schüssel füllen und mit Frischhaltefolie abdecken. Abkühlen lassen, dann in den Kühlschrank stellen. Die Teigböden mit der Vanillecreme zusammensetzen. Für die Ganache die Schokolade fein hacken und in eine hitzebeständige Schüssel geben. Die Sahne in einem Topf bis knapp unter den Siedepunkt erhitzen. Über die Schokolade gießen und 5 Minuten schmelzen lassen, dann glatt rühren. Etwas abkühlen und fester werden lassen, dann die Torte gleichmäßig mit der Ganache überziehen.

Ergibt 8 Stück

Schoko-Ingwer-Kuchen

Variationen auf Seite 202

Außen knusprig, innen zartschmelzend: Dieser Kuchen ist das ultimative Dessert und sollte noch mit etwas Schlagsahne gekrönt werden.

140 g Zartbitterschokolade, gehackt
80 g Butter
3 Eier (Größe L), getrennt
30 g Mehl

3 Stücke Ingwerpflaume in Sirup, gehackt
60 g Feinstzucker
Kakaopulver, zum Bestäuben
geschlagene Sahne, zum Servieren

Den Backofen auf 160 °C vorheizen. Eine Springform (20 cm Ø) einfetten und den Boden mit Backpapier auslegen.

Schokolade und Butter in eine hitzebeständige Schüssel geben und im Wasserbad über leicht köchelndem Wasser schmelzen. Vom Herd nehmen und etwa 10 Minuten abkühlen lassen. Nach und nach die Eier unterrühren. Das Mehl darübersieben und zusammen mit dem Ingwer unterheben.

Das Eiweiß in einer zweiten Schüssel schaumig schlagen. Den Zucker esslöffelweise hinzufügen und weiterschlagen, bis die Masse steif ist. Den Eischnee unter den Teig ziehen. Den Teig in die vorbereitete Form füllen und im vorgeheizten Ofen etwa 25 Minuten backen, bis der Kuchen sich bei Fingerdruck fest anfühlt. In der Mitte darf er noch weich sein; er wird beim Abkühlen fest. Vollständig in der Form auskühlen lassen. Vor dem Servieren vorsichtig aus der Form lösen und mit Kakaopulver bestäuben. In Stücke schneiden und mit geschlagener Sahne servieren.

Ergibt 8 Stück

Mokkatorte mit Haselnusskrokant

Variationen auf Seite 203

Krokant ist das Besondere an dieser Mokkatorte und erstaunlich einfach selbst herzustellen. Belegen Sie die Torte erst kurz vor dem Servieren mit den Krokantstücken.

Teig
170 g zimmerwarme Butter
140 g Feinstzucker
3 Eier
140 g Mehl
1½ TL Backpulver
50 g geröstete Haselnüsse, gehackt
2½ TL Instant-Kaffee, aufgelöst in
    1 EL heißem Wasser

Haselnusskrokant
50 g Feinstzucker
50 g geröstete Haselnüsse
Mokkacreme
200 g Mascarpone
170 g Puderzucker, gesiebt
1 EL Instant-Kaffee, aufgelöst in
    1 EL heißem Wasser

Den Backofen auf 180 °C vorheizen. Zwei Springformen (20 cm Ø) einfetten und den Boden mit Backpapier auslegen.

Butter und Zucker cremig rühren, dann nach und nach die Eier unterrühren. Mehl und Backpulver darübersieben und unterziehen. Schließlich Nüsse und Kaffee unterrühren. Den Teig gleichmäßig in die Formen füllen und glatt streichen. Im vorgeheizten Ofen 20–25 Minuten backen, bis die Kuchen bei leichtem Fingerdruck elastisch nachgeben. Auf einem Kuchengitter auskühlen lassen. Für den Haselnusskrokant ein Backblech mit Backpapier auslegen. Den Zucker in einem schweren Topf bei kleiner Hitze etwa 5 Minuten unter Rühren goldbraun karamellisieren. Die Haselnüsse hinzufügen und etwa 30 Sekunden rühren. Die Masse auf das Backblech gießen und 20 Minuten fest werden lassen. Für die Mokkacreme Mascarpone, Zucker und Kaffee glatt rühren. Einen Teigboden mit knapp der Hälfte der Creme bestreichen,

die Böden zusammensetzen und mit der restlichen Creme überziehen. Den Krokant in Stücke brechen und die Torte damit dekorieren.

Ergibt 8 Stück

Erdbeer-Haselnuss-Torte

Variationen auf Seite 204

Wenn im Sommer die Erdbeeren reif und so richtig süß sind, sollten Sie unbedingt diese einfache, aber unerhört leckere Torte als Dessert oder zum Kaffee servieren.

Teig
80 g geröstete Haselnüsse
170 g zimmerwarme Butter
140 g Feinstzucker
3 Eier
120 g Mehl

1 TL Backpulver

Garnierung
250 g Sahne
140 g Erdbeeren, geputzt und
    klein geschnitten, plus
    etwas mehr zum Dekorieren

125 g geröstete Haselnüsse,
    grob gehackt

Den Backofen auf 180 °C vorheizen. Zwei Springformen (20 cm Ø) einfetten und den Boden mit Backpapier auslegen.

Die Haselnüsse fein mahlen. Butter und Zucker cremig rühren, dann nach und nach die Eier unterrühren. Mehl und Backpulver darübersieben. Die Haselnüsse hinzufügen und alles unterheben. Den Teig in die vorbereiteten Formen füllen und mit einem Löffelrücken glatt streichen. Im vorgeheizten Ofen 20–25 Minuten backen, bis die Kuchen bei leichtem Fingerdruck elastisch nachgeben. Auf ein Kuchengitter stürzen, das Backpapier vorsichtig abziehen und vollständig auskühlen lassen. Vor dem Servieren die Sahne in einer Schüssel steif schlagen. Knapp die Hälfte davon in eine zweite Schüssel geben. Die Erdbeeren und die Hälfte der Haselnüsse unterheben. Einen Teigboden mit dieser Creme bestreichen und die Böden zusammensetzen. Die restliche Sahne darauf verteilen, mit den restlichen Haselnüssen bestreuen und einigen ganzen Erdbeeren dekorieren.

Ergibt 8 Stück

Banoffee-Torte

Variationen auf Seite 205

Das Wort „Banoffee" setzt sich aus „Banane" und „Toffee" zusammen und beschreibt eine nur schwer zu übertreffende Kombination. Servieren Sie sie als Dessert oder zum Kaffee.

Teig
170 g zimmerwarme Butter
140 g Feinstzucker
3 Eier
140 g Mehl
1½ TL Backpulver
1 TL Vanillearoma

Füllung
250 g Sahne
2 mittelgroße Bananen, in Scheiben
5 EL fertiger Karamellsirup (Dulce de leche, Feinkosthandel oder Internet)
geraspelte Zartbitterschokolade, zum Bestreuen

Den Backofen auf 180 °C vorheizen. Zwei Springformen (20 cm Ø) einfetten und den Boden mit Backpapier auslegen.

Butter und Zucker cremig rühren, dann nach und nach die Eier unterrühren. Mehl und Backpulver darübersieben und unterziehen. Schließlich das Vanillearoma unterrühren.

Den Teig in die vorbereiteten Formen füllen und mit einem Löffelrücken glatt streichen. Im Ofen 20–25 Minuten backen, bis die Kuchen bei leichtem Fingerdruck elastisch nachgeben. Auf ein Kuchengitter stürzen, das Backpapier vorsichtig abziehen und auskühlen lassen.

Vor dem Servieren die Sahne steif schlagen. Auf einem Teigboden jeweils die Hälfte der Sahne, des Karamellsirups und der Bananenscheiben verteilen.

Dann die Böden zusammensetzen und mit der restlichen Sahne bestreichen. Den restlichen Karamellsirup darüberträufeln und die restlichen Bananenscheiben darauf verteilen. Mit Schokoladenraspeln dekorieren und sofort servieren.

Ergibt 8 Stück

Aprikosen-Mandel-Kuchen

Variationen auf Seite 206

Dieser Kuchen mit seinem feinen Mandelaroma schmeckt warm oder kalt mit einem großzügigen Löffel Schlagsahne oder einer Kugel Vanilleeis.

170 g zimmerwarme Butter
140 g Feinstzucker
2 Eier (Größe L)
170 g gemahlene Mandeln
80 g Mehl

$1\frac{1}{2}$ TL Backpulver
1 TL Zimt
350 g frische Aprikosen, halbiert und entsteint
Puderzucker, zum Bestäuben
geschlagene Sahne oder Vanilleeis, zum Servieren

Den Backofen auf 180 °C vorheizen. Eine Springform (20 cm Ø) einfetten und den Boden mit Backpapier auslegen.

Butter und Zucker cremig rühren, die Eier einzeln unterrühren und mit den gemahlenen Mandeln vermengen. Mehl, Backpulver und Zimt darübersieben und unterziehen.

Den Teig in die vorbereitete Form füllen, mit einem Löffelrücken glatt streichen und mit den Aprikosen belegen. Im vorgeheizten Ofen 45 Minuten backen. Mit Alufolie abdecken und weitere 20 Minuten backen, bis ein in die Mitte gestochener Holzspieß trocken und sauber bleibt. Etwa 10 Minuten abkühlen lassen, dann aus der Form lösen und auf einem Kuchengitter vollständig auskühlen lassen. Warm oder kalt mit Schlagsahne oder Vanilleeis servieren.

Ergibt 8 Stück

Apfeltorte mit Cremefüllung

Variationen auf Seite 207

Diese luftige Apfeltorte mit ihrer fast mousseähnlichen Konsistenz geht eine unvergleichlich gute Kombination mit der feinen Vanillecremefüllung ein.

Teig
80 g Butter
675 g Kochäpfel, geschält,
    entkernt und in feine
    Scheiben geschnitten
80 g Crème fraîche
fein abgeriebene Schale und
    Saft von 1 Zitrone

140 g Feinstzucker
1½ EL Mehl
6 Eier, getrennt
5 EL Mandelstifte
Puderzucker, zum Bestäuben

Füllung
330 g Crème fraîche
½ TL Vanillearoma
4 EL Puderzucker, gesiebt

Den Backofen auf 160 °C vorheizen. Drei Springformen (20 cm Ø) einfetten und den Boden mit Backpapier auslegen.

Die Butter in einem Topf erhitzen und die Äpfel darin unter Rühren etwa 8 Minuten sehr weich dünsten. Crème fraîche, Zitronenschale und -saft sowie Zucker, Mehl und Eigelb cremig rühren. Zu den Äpfeln in den Topf geben und unter Rühren 5 Minuten sanft köcheln, bis die Masse eindickt. In eine saubere Schüssel füllen und abkühlen lassen.

Das Eiweiß in einer sauberen Schüssel steif schlagen. Die abgekühlte Apfelmasse erneut glatt rühren und den Eischnee portionsweise unterheben. Den Teig in die Formen füllen und glatt streichen. Mit den Mandeln bestreuen und etwa 45 Minuten backen.

In den Formen auskühlen lassen, dann auf flache Teller stürzen. Das Backpapier vorsichtig abziehen. Dann erneut auf einen Teller stürzen und so wieder in die vorherige Position bringen. Mit Frischhaltefolie abdecken und in den Kühlschrank stellen.

Für die Füllung Crème fraîche, Vanillearoma und Zucker glatt rühren. Die Teigböden mit der Creme zusammensetzen. Mit Puderzucker bestäuben und gekühlt servieren.

Ergibt 8 Stück

Tropische Fruchttorte

Variationen auf Seite 208

Diese Torte aus einem feinen Kokos-Rührteig, einer cremigen Füllung und frischen exotischen Früchten ist eine köstliche Erfrischung für heiße Sommertage.

Teig
120 g zimmerwarme Butter
3 EL Creamed Coconut (Asia-Laden), geraspelt
140 g Feinstzucker
3 Eier
120 g Mehl
1 TL Backpulver
60 g Kokosraspel

Füllung
250 g Sahne
1 große reife Mango, geschält, Fruchtfleisch in Scheiben vom Stein geschnitten
1 mittelgroße Banane, geschält und in Scheiben geschnitten
230 g Ananasstücke aus der Dose (Abtropfgewicht)
frische Kokosspäne

Den Backofen auf 180 °C vorheizen. Zwei Springformen (20 cm Ø) einfetten und den Boden mit Backpapier auslegen.

Butter, Creamed Coconut und Zucker cremig rühren, dann nach und nach die Eier unterrühren. Mehl und Backpulver darübersieben und unterziehen. Schließlich die Kokosraspel unterheben. Den Teig in die Formen füllen und mit einem Löffelrücken glatt streichen. Im vorgeheizten Ofen 20–25 Minuten backen, bis ein in die Mitte gestochener Holzspieß trocken und sauber bleibt. Aus der Form lösen und auf einem Kuchengitter vollständig auskühlen lassen.

Vor dem Servieren die Sahne steif schlagen. Die Teigböden jeweils mit der Hälfte der Sahne bestreichen und der Hälfte der Fruchtstücke belegen, dann aufeinandersetzen und mit den Kokosspänen dekorieren.

Ergibt 8 Stück

Weiße Tarte mit Himbeeren

Variationen auf Seite 209

Die Tarte mit weißer Schokolade erhält ihre lockere Konsistenz durch den untergehobenen Eischnee. Spritzig-fruchtige Himbeeren bilden einen wunderbaren Gegensatz zur warmen Süße der Vanille.

140 g weiße Schokolade, in Stücke gebrochen
120 g zimmerwarme Butter
140 g Feinstzucker
4 Eier (Größe L), getrennt
1 TL Vanillearoma

80 g Mehl
40 g gemahlene Mandeln
200 g frische Himbeeren
Puderzucker, zum Bestäuben
geschlagene Sahne, zum Servieren

Den Backofen auf 160 °C vorheizen. Eine Springform (24 cm Ø) einfetten und den Boden mit Backpapier auslegen.

Die Schokolade in eine hitzebeständige Schüssel geben und im Wasserbad schmelzen. Glatt rühren, vom Herd nehmen und 10 Minuten abkühlen lassen.

Butter und die Hälfte des Zuckers cremig rühren, dann nach und nach das Eigelb unterrühren. Zunächst das Vanillearoma und die geschmolzene Schokolade unterziehen. Das Mehl darübersieben, die Mandeln hinzufügen und vorsichtig unterziehen.

Das Eiweiß in einer zweiten Schüssel schaumig schlagen. Den restlichen Zucker esslöffelweise einarbeiten, bis eine feste, glänzende Masse entstanden ist. Den Eischnee portionsweise unter den Teig heben. Den Teig in die Form füllen und im Ofen 35–40 Minuten backen, bis der Kuchen aufgegangen ist und ein in die Mitte gestochener Holzspieß trocken und sauber bleibt.

Etwa 10 Minuten abkühlen lassen, dann den Ring der Springform abnehmen und den Kuchen auf dem Springformboden vollständig auskühlen lassen. Auf eine Kuchenplatte heben, mit Himbeeren belegen, mit Puderzucker bestäuben und mit etwas Schlagsahne servieren.

Ergibt 8–10 Stück

Variationen

Einfache Schwarzwälder Kirschtorte

Grundrezept auf Seite 175

Erdbeer-Schokoladentorte
Die Torte wie beschrieben zubereiten. Dabei die Kirschen durch 500 g in Scheiben geschnittene frische Erdbeeren und die dunklen Schokoladenröllchen durch weiße ersetzen.

Himbeer-Schokoladentorte
Die Torte wie beschrieben zubereiten. Dabei die Kirschen durch 400 g frische Himbeeren und die dunklen Schokoladenröllchen durch weiße ersetzen.

Feigen-Walnuss-Schokoladentorte
Die Torte wie beschrieben zubereiten. Dabei zusätzlich 50 g grob gehackte Walnüsse unter den Teig heben. Die Kirschen durch geviertelte frische Feigen und Walnusshälften ersetzen. Die Schokoladenröllchen weglassen.

Orangen-Schokoladentorte
Die Kirschen durch die Filets von 2 Orangen ersetzen.

Schwarzwälder Kirschtorte mit Haselnüssen
Die Torte wie beschrieben zubereiten. Dabei zusätzlich 50 g gehackte geröstete Haselnüsse unter den Teig heben. Vor dem Servieren mit grob gehackten gerösteten Haselnüssen garnieren.

Variationen

Sachertorte

Grundrezept auf Seite 176

Sachertorte mit Erdbeerkonfitüre
Die Aprikosenkonfitüre durch Erdbeerkonfitüre ersetzen. Den erkalteten
Kuchen horizontal halbieren und zusätzlich mit 4 Esslöffeln Erdbeerkonfitüre
zusammensetzen.

Sachertorte mit Kirschkonfitüre
Die Aprikosenkonfitüre durch 2 Esslöffel Kirschkonfitüre ersetzen. Vor dem
Servieren zusätzlich mit Schlagsahne überziehen und mit Kirschen aus dem
Glas dekorieren.

Sachertorte mit Orangenaroma
Zusätzlich die fein abgeriebene Schale von 1 Orange in den Teig rühren. Die
Aprikosenkonfitüre durch 2 Esslöffel Bitterorangenmarmelade ersetzen.

Sachertorte mit Kaffee
Zusätzlich 2 Esslöffel Instant-Kaffee, aufgelöst in 2 Esslöffeln heißem Wasser,
in den Teig rühren. Für die Ganache 1 Esslöffel Instant-Kaffee mit Sahne und
Schokolade in den Topf geben.

Sachertorte mit Zimt
Zusätzlich 1½ Teelöffel Zimt unter das Mehl mischen.

Variationen

Schokoladentorte mit frischen Beeren

Grundrezept auf Seite 178

Schokoladentorte mit weißer Schokolade
Die Zartbitterschokolade in der Buttercreme durch weiße Schokolade ersetzen.
Die Beeren weglassen und mit Zartbitter-Schokoladenröllchen dekorieren.

Schokoladentorte mit Mandarinen
Die Torte wie beschrieben zubereiten. Dabei zusätzlich die abgeriebene Schale
von 1 Orange in den Teig rühren. Die Beeren durch Mandarinenspalten ersetzen.

Schokoladentorte mit frischen Erdbeeren
Die Torte wie beschrieben zubereiten. Dabei den Kaffee durch 1 Teelöffel
Vanillearoma und die gemischten Beeren durch Erdbeeren ersetzen.

Schokoladentorte mit Mascarpone
Die Buttercreme durch 1 Esslöffel Instant-Kaffee, aufgelöst in 1 Esslöffel
heißem Wasser, abgekühlt und glatt gerührt mit 500 g Mascarpone, ersetzen.
Die Beeren weglassen und die Torte mit Kakaopulver bestäuben.

Schokoladentorte mit Walnüssen
Die Torte wie beschrieben zubereiten. Dabei zusätzlich 120 g gehackte
Walnüsse unter den Teig heben. Die Beeren weglassen und stattdessen mit
Walnusshälften dekorieren.

Variationen

Boston Cream Pie

Grundrezept auf Seite 180

Boston Cream Pie mit Kaffee
Zusätzlich 1 Esslöffel Instant-Kaffee, aufgelöst in 1 Esslöffel heißem Wasser, in den Teig rühren. Für die Creme 1 Esslöffel Instant-Kaffee mit Milch und Sahne erhitzen.

Boston Cream Pie mit Schokoladenaroma
Die Torte wie beschrieben zubereiten. Dabei zusätzlich 2 Esslöffel Kakaopulver unter das Mehl mischen. Für die Creme 1 Esslöffel Kakaopulver mit Milch und Sahne erhitzen.

Boston Cream Pie mit Himbeeren
Die Torte wie beschrieben zubereiten. Dabei die Vanillecreme zusätzlich mit 50 g frischen Himbeeren belegen. Die Ganache weglassen und stattdessen mit Puderzucker bestäuben.

Boston Cream Pie mit Haselnüssen
Zusätzlich 120 g gehackte geröstete Haselnüsse in den Teig rühren.

Boston Cream Pie mit Blaubeeren
Die Vanillecreme mit 150 g Blaubeeren belegen. Die Ganache weglassen und stattdessen mit Puderzucker bestäuben.

Variationen

Schoko-Ingwer-Kuchen

Grundrezept auf Seite 183

Dunkler Schokoladenkuchen
Den Kuchen wie beschrieben zubereiten. Dabei den Ingwer weglassen.

Himbeer-Schoko-Kuchen
Den Kuchen wie beschrieben zubereiten. Dabei den Ingwer weglassen. Vor dem Servieren mit etwa 200 g frischen Himbeeren belegen.

Schoko-Orangen-Kuchen
Den Teig wie beschrieben zubereiten. Dabei die Ingwerpflaume durch die fein abgeriebene Schale von 2 Orangen ersetzen.

Kaffeekuchen
Den Teig wie beschrieben zubereiten. Dabei die Ingwerpflaume durch 2 Esslöffel Instant-Kaffee, aufgelöst in 1½ Esslöffeln heißem Wasser, ersetzen.

Erdbeer-Schoko-Kuchen
Den Kuchen wie beschrieben zubereiten. Dabei die Ingwerpflaume weglassen. Vor dem Servieren mit Erdbeeren belegen.

Variationen

Mokkatorte mit Haselnusskrokant

Grundrezept auf Seite 184

Mokkatorte mit Erdnusskrokant
Die Torte wie beschrieben zubereiten. Die Haselnüsse durch Erdnüsse ersetzen.

Mokkatorte mit Pekannusskrokant
Die Torte wie beschrieben zubereiten. Die Haselnüsse durch Pekannüsse ersetzen.

Mokka-Schoko-Torte
Den Teig wie beschrieben zubereiten. Dabei zusätzlich 2 Esslöffel Kakaopulver unter das Mehl mischen.

Mokkatorte mit Karamellsirup
Die Torte wie beschrieben zubereiten. Dabei die Füllung zusätzlich mit 2 Esslöffeln fertigem Karamellsirup (Dulce de leche, Feinkosthandel) beträufeln. Den Krokant weglassen und stattdessen mit Karamellsirup beträufeln.

Mokkatorte mit Schokoladentropfen
Die Torte wie beschrieben zubereiten. Dabei zusätzlich je 20 g Zartbitter-Schokoladentropfen auf der Füllung und auf dem Krokant verteilen.

Variationen

Erdbeer-Haselnuss-Torte

Grundrezept auf Seite 187

Himbeer-Haselnuss-Torte
Die Torte wie beschrieben zubereiten. Die Erdbeeren durch Himbeeren ersetzen.

Erdbeer-Haselnuss-Torte mit Zitrone
Den Teig wie beschrieben zubereiten. Dabei zusätzlich die fein abgeriebene Schale von 1 Zitrone unter den Teig mischen.

Mango-Mandel-Torte
Die Torte wie beschrieben zubereiten. Dabei die Haselnüsse durch Mandeln und die klein geschnittenen Erdbeeren durch Mango ersetzen. Mit feinen Mangoscheiben garnieren.

Bananen-Haselnuss-Torte
Die Torte wie beschrieben zubereiten. Dabei die klein geschnittenen Erdbeeren durch Bananen ersetzen. Mit Bananenscheiben dekorieren.

Erdbeer-Haselnuss-Torte mit weißer Schokolade
Die Torte wie beschrieben zubereiten. Dabei für die Dekoration die gehackten Haselnüsse durch weiße Schokoladenröllchen ersetzen.

Variationen

Banoffee-Torte

Grundrezept auf Seite 188

Schoko-Banoffee-Torte
Den Teig wie beschrieben zubereiten. Dabei zusätzlich 2 Esslöffel Kakaopulver unter das Mehl mischen.

Ingwer-Banoffee-Torte
Das Vanillearoma durch 1 Teelöffel gemahlenen Ingwer und 3 gehackte Stücke Ingwerpflaume in Sirup ersetzen und zusätzlich 2 Stücke gehackte Ingwerpflaume in Sirup unter die Schlagsahne heben.

Kaffee-Toffee-Torte
Die Torte wie beschrieben zubereiten. Dabei das Vanillearoma durch 1 Esslöffel Instant-Kaffee, aufgelöst in 1 Esslöffel heißem Wasser, ersetzen und die Bananen weglassen.

Banoffee-Torte mit Schokoladentropfen
Die Torte wie beschrieben zubereiten. Dabei die mit Sahne bestrichenen Teigböden zusätzlich mit je 2 Esslöffeln Schokoladentropfen bestreuen.

Haselnuss-Banoffee-Torte
Zusätzlich jeweils 50 g gehackte geröstete Haselnüsse unter den Teig heben und auf jeden mit Sahne bestrichenen Teigboden streuen.

Aprikosen-Mandel-Kuchen

Grundrezept auf Seite 191

Pflaumen-Mandel-Kuchen
Den Kuchen wie beschrieben zubereiten. Die Aprikosen durch Pflaumen ersetzen.

Vanille-Aprikosen-Kuchen
Den Teig wie beschrieben zubereiten. Dabei den Zimt durch 1 Teelöffel Vanillearoma ersetzen.

Zimt-Mandel-Kuchen
Den Kuchen wie beschrieben zubereiten. Dabei die Aprikosen weglassen.

Himbeer-Mandel-Kuchen
Den Kuchen wie beschrieben zubereiten. Die Aprikosen weglassen und vor dem Servieren mit etwa 250 g frischen Himbeeren belegen.

Erdbeer-Mandel-Kuchen
Den Kuchen wie beschrieben zubereiten. Die Aprikosen weglassen und vor dem Servieren mit etwa 300 g halbierten oder in Scheiben geschnittenen Erdbeeren belegen.

Apfeltorte mit Cremefüllung

Grundrezept auf Seite 192

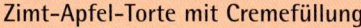

Zimt-Apfel-Torte mit Cremefüllung
Die Torte wie beschrieben zubereiten. Dabei die gekochten Äpfel zusätzlich
mit 1 Teelöffel Zimt würzen.

Apfeltorte mit Zitronencremefüllung
Die Füllung wie beschrieben zubereiten. Dabei Vanille und Puderzucker durch
3 Esslöffel Lemon Curd (Feinkosthandel) ersetzen.

Haselnuss-Apfel-Torte mit Cremefüllung
Den Teig wie beschrieben zubereiten. Dabei die Mandelstifte durch grob
gehackte geröstete Haselnüsse ersetzen.

Walnuss-Apfel-Torte mit Cremefüllung
Den Teig wie beschrieben zubereiten. Dabei die Mandelstifte durch grob
gehackte geröstete Walnüsse ersetzen.

Blaubeer-Apfel-Torte mit Cremefüllung
Die Torte wie beschrieben zubereiten. Dabei die mit Creme bestrichenen
Teigböden mit je 200 g frischen Blaubeeren bestreuen.

Variationen

Tropische Fruchttorte

Grundrezept auf Seite 195

Kokos-Mango-Torte
Die Torte wie beschrieben zubereiten. Dabei Banane und Ananas durch
1 geschälte, in Scheiben vom Stein geschnittene Mango ersetzen.

Kokos-Papaya-Torte
Die Torte wie beschrieben zubereiten. Dabei die gemischten Früchte durch
2 geschälte, entkernte und in Scheiben geschnittene Papayas, mit Zitronensaft beträufelt, ersetzen.

Kokos-Bananen-Torte
Die Torte wie beschrieben zubereiten. Dabei Mango und Ananas durch
2–3 geschälte, in Scheiben geschnittene Bananen ersetzen.

Kokos-Ananas-Torte
Die Torte wie beschrieben zubereiten. Dabei Mango und Banane durch etwa
500 g Ananasstücke aus der Dose (Abtropfgewicht) ersetzen.

Variationen

Weiße Tarte mit Himbeeren

Grundrezept auf Seite 196

Weiße Tarte mit Blaubeeren
Die Tarte wie beschrieben zubereiten. Dabei vor dem Servieren mit Schlagsahne bestreichen und mit Blaubeeren anstelle von Himbeeren belegen.

Weiße Tarte mit Pfirsich Melba
Die Tarte nicht mit Himbeeren, sondern mit Pfirsichscheiben garnieren. 300 g
frische Himbeeren pürieren, durch ein Sieb passieren und mit ½ Esslöffel
Puderzucker süßen. Zum Servieren über den Kuchen gießen.

Weiße Tarte mit Mango
Die Tarte wie beschrieben zubereiten. Dabei die Himbeeren durch Mangoscheiben ersetzen.

Weiße Tarte mit Erdbeeren
Die Tarte wie beschrieben zubereiten. Dabei die Himbeeren weglassen und
nur mit Puderzucker bestäuben. 500 g Erdbeeren pürieren, durch ein Sieb
passieren und zum Servieren über die Tarte gießen.

Weiße Tarte mit Kakao
Die Tarte wie beschrieben zubereiten. Dabei Himbeeren und Puderzucker
weglassen und vor dem Servieren mit Kakaopulver bestäuben.

Kuchen für besondere Anlässe

Ganz gleich, ob Geburtstag, Hochzeit, Weihnachten
oder Ostern – mit einem exquisiten Kuchen oder
einer festlichen Torte schafft man ein Erlebnis der
besonderen Art. Die Rezepte im folgenden Kapitel
sind unkompliziert und können daher stressfrei
zubereitet werden.

Weiße Hochzeitstorte

Variationen auf Seite 234

Hier eine einfache, zugleich aber wunderschöne Hochzeitstorte. Dafür wird ein Zitronen-kuchen mit Buttercreme überzogen und mit frischen Rosenblättern dekoriert.

Teig
250 g zimmerwarme Butter
250 g Feinstzucker
fein abgeriebene Schale von
    2 kleinen Zitronen
4 Eier

180 g Mehl
2 TL Backpulver
Buttercreme
250 g zimmerwarme Butter
500 g Puderzucker, gesiebt
4 EL Milch

½ TL Vanillearoma
weiße oder cremefarbene
    Rosenblätter, zum
    Dekorieren

Für eine mehrstöckige Torte zusätzlich die kleine und die große Hochzeitstorte (Seite 234) zubereiten und auf einen dreistöckigen Tortenständer setzen. Den Backofen auf 180 °C vor-heizen. Zwei Springformen (20 cm Ø) einfetten und den Boden mit Backpapier auslegen.

Butter und Zucker cremig rühren, dann die Zitronenschale einarbeiten. Nach und nach die Eier unterrühren. Mehl und Backpulver darübersieben und unterziehen. Den Teig in die Formen füllen und etwa 30 Minuten backen, bis die Kuchen aufgegangen sind und ein in die Mitte gestochener Holzspieß trocken und sauber bleibt. Auf einem Kuchengitter auskühlen lassen.

Für die Creme Butter, Puderzucker, Milch und Vanillearoma cremig rühren. Die Teigböden auf einer Tortenplatte mit einer Schicht Buttercreme zusammensetzen und letzte Zwischenräume zwischen den Böden mit Buttercreme „ausfugen", sodass die Seiten gerade und glatt sind. Nun die Torte mit Buttercreme überziehen und mit Rosenblütenblättern dekorieren.

Ergibt 8 Stück

Dunkle Hochzeitstorte

Variationen auf Seite 235

Wenn Sie nach einer Alternative für eine weiße Hochzeitstorte suchen, ist diese dunkle, verführerische Schokoladentorte eine gute Wahl.

Teig
80 g Zartbitterschokolade
170 g zimmerwarme Butter
50 g brauner Zucker
100 g Feinstzucker
3 Eier
140 g Mehl

1^1/$_2$ TL Backpulver
3 EL Kakaopulver
1 TL Zimt
Füllung
4 EL Himbeerkonfitüre
170 g Zartbitterschokolade, in
    Stücke gebrochen

200 g Sahne
Zartbitter-Schokoladenröllchen
    (Seite 27), zum Dekorieren
Kakaopulver, zum Bestäuben
    (nach Belieben)

Für eine mehrstöckige Torte zusätzlich die kleine und die große Hochzeitstorte (Seite 235) zubereiten und auf einen dreistöckigen Tortenständer setzen. Den Backofen auf 180 °C vorheizen. Eine Springform (20 cm Ø) einfetten und den Boden mit Backpapier auslegen.

Die Schokolade in eine hitzebeständige Schüssel geben und im Wasserbad schmelzen. Vom Herd nehmen und abkühlen lassen. Butter und Zucker cremig rühren, dann nach und nach die Eier unterrühren. Mehl, Backpulver, Kakao und Zimt darübersieben und unterziehen. Schließlich die geschmolzene Schokolade unterziehen. Den Teig in die Form füllen und etwa 50 Minuten backen, bis der Kuchen aufgegangen ist und ein in die Mitte gestochener Holzspieß trocken und sauber bleibt. Auf ein Kuchengitter stürzen und vollständig auskühlen lassen.

Für die Füllung Schokolade und Sahne in eine hitzebeständige Schüssel füllen und im Wasserbad unter gelegentlichem Rühren schmelzen. Kurz abkühlen und fester werden lassen.

Den Kuchen horizontal halbieren und eine Hälfte mit Konfitüre, dann mit einer dünnen Cremeschicht bestreichen. Den zweiten Boden daraufsetzen und die Torte mit der restlichen Creme überziehen. Mit Schokoladenröllchen dekorieren und mit Kakaopulver bestäuben.

Ergibt 8 Stück

Frühlingstorte

Variationen auf Seite 236

Diese leichte, zitronenfrische Torte ist wie gemacht für den Muttertag. Auch als Gastgeschenk für eine Feier im Frühjahr eignet sie sich wunderbar.

Teig
170 g zimmerwarme Butter
140 g Feinstzucker
fein abgeriebene Schale von 1 Zitrone
3 Eier
140 g Mehl
1½ TL Backpulver

Füllung
270 g Frischkäse
50 g Puderzucker, gesiebt
fein abgeriebene Schale von 1 Zitrone,
    plus 2 TL Saft
3 EL Lemon Curd (Feinkosthandel)
kandierte Blütenblätter (Seite 27), zum Dekorieren

Den Backofen auf 180 °C vorheizen. Zwei Springformen (20 cm Ø) einfetten und den Boden mit Backpapier auslegen.

Butter, Zucker und Zitronenschale cremig rühren, dann nach und nach die Eier unterrühren. Mehl und Backpulver darübersieben und unterziehen. Den Teig gleichmäßig in die Formen füllen und mit einem Löffelrücken glatt streichen. Im vorgeheizten Ofen 20–25 Minuten backen, bis ein in die Mitte gestochener Holzspieß trocken und sauber bleibt. Auf ein Kuchengitter stürzen und vollständig auskühlen lassen.

Für die Creme Frischkäse, Puderzucker, Zitronenschale und -saft glatt rühren. Die Teigböden mit Lemon Curd und knapp der Hälfte der Zitronencreme zusammensetzen und mit der restlichen Creme überziehen. Mit kandierten Blütenblättern dekorieren.

Ergibt 8 Stück

Halloween-Kuchen

Variationen auf Seite 237

Dekorieren Sie diese schokoladige Halloween-Überraschung zusätzlich mit kleinen Lakritzspinnen, die Sie entweder kaufen oder auch einfach aus Lakritzschnecken selbst herstellen können.

Teig	3 Eier	Ganache
350 g geschälter, entkernter Kürbis, in Stücken	½ TL gemahlener Ingwer	200 g Zartbitterschokolade, gehackt
½ EL Pflanzenöl	1½ TL Zimt	180 g Sahne
120 g zimmerwarme Butter	140 g Mehl	30 g weiße Schokolade
140 g brauner Zucker	1½ TL Backpulver	

Den Backofen auf 190 °C vorheizen. Die Kürbisstücke in eine flache Auflaufform geben, mit Öl beträufeln und gut darin wenden. Etwa 35 Minuten im Ofen weich garen. Auskühlen lassen und zu einem groben Püree zerdrücken.

Den Backofen auf 180 °C vorheizen. Eine Springform (20 cm Ø) einfetten und den Boden mit Backpapier auslegen. Butter und Zucker cremig rühren. Nach und nach die Eier unterrühren, dann Ingwer und Zimt. Mehl und Backpulver darübersieben und unterziehen. Anschließend das Kürbispüree unterheben.

Den Teig in die vorbereitete Form füllen und etwa 50 Minuten backen, bis ein in die Mitte gestochener Holzspieß trocken und sauber bleibt. Auf einem Kuchengitter vollständig auskühlen lassen.

Für die Ganache die Schokolade in eine hitzebeständige Schüssel geben. Die Sahne in einem Topf bis knapp unter den Siedepunkt erhitzen. Über die Schokolade gießen und 5 Minuten schmelzen lassen, dann glatt rühren und abkühlen lassen, bis die Ganache fester wird.

Den Kuchen mit der Ganache überziehen. Für das „Spinnennetz" die weiße Schokolade im Wasserbad schmelzen, in einen Spritzbeutel mit kleiner Tülle füllen und in Ringen auf den Kuchen spritzen. Mit einem Spieß Linien von der Kuchenmitte nach außen ziehen.

Ergibt 8 Stück

Partykuchen

Variationen auf Seite 238

Als krönendes Dessert oder auf einer Geburtstagsfeier ist dieser Kuchen ein echter Hingucker. Servieren Sie ihn pur oder mit etwas Schlagsahne.

Teig
120 g Butter
130 g Zartbitterschokolade
6 Eier, getrennt
1 TL Vanillearoma

60 g Feinstzucker
130 g gemahlene Mandeln
Ganache
100 g Zartbitterschokolade, gehackt

80 g Sahne
bunte Metallic-Zuckerperlen, zum Dekorieren

Den Backofen auf 170 °C vorheizen. Eine Springform (24 cm Ø) einfetten und den Boden mit Backpapier auslegen. Butter und Schokolade in eine hitzebeständige Schüssel geben und im Wasserbad schmelzen. Glatt rühren und etwa 10 Minuten abkühlen lassen. Eigelb, Vanille-aroma, ein Drittel des Zuckers und Mandeln unterrühren.

Das Eiweiß in einer zweiten Schüssel halb steif schlagen. Dann den restlichen Zucker esslöf-felweise einarbeiten, bis die Masse fest und glänzend ist. Den Eischnee portionsweise unter den Teig heben. Den Teig in die vorbereitete Form füllen und etwa 30 Minuten backen, bis der Kuchen aufgegangen ist und sich bei Fingerdruck fest anfühlt. In der Form abkühlen lassen, dann auf ein Kuchengitter setzen. Für die Ganache die Schokolade in eine Schüssel geben. Die Sahne in einem Topf bis knapp unter den Siedepunkt erhitzen. Über die Schoko-lade gießen und 5 Minuten schmelzen lassen. Dann glatt rühren und abkühlen lassen, bis die Masse schön streichfähig ist. Den Kuchen mit der Ganache überziehen. Vor dem Servieren mit silbernen Zuckerperlen bestreuen.

Ergibt 8–10 Stück

Valentinsherz

Variationen auf Seite 239

Diese romantische Torte in Herzform ist ein süßes Geschenk zum 14. Februar, das das Herz Ihrer(s) Liebsten bestimmt zum Schmelzen bringen wird.

120 g zimmerwarme Butter
120 g Feinstzucker
3 Eier
1 TL Vanillearoma
140 g Mehl
1½ TL Backpulver
100 g rote Johannisbeeren, plus etwas mehr
    zum Dekorieren

3–4 EL rotes Johannisbeergelee, glatt gerührt
100 g Mascarpone
2 EL Puderzucker, gesiebt
rote Speisefarbe
Lebensmittel-Farbspray metallic oder roter
    Dekorzucker, zum Dekorieren
Dekorrosen, zum Dekorieren

Den Backofen auf 180 °C vorheizen. Eine Springform (20 cm Ø) einfetten und den Boden mit Backpapier auslegen.

Butter und Zucker cremig rühren, dann nach und nach Eier und Vanillearoma unterrühren. Mehl und Backpulver darübersieben und unterziehen. Vorsichtig die roten Johannisbeeren unterheben. Den Teig in die vorbereitete Form füllen und glatt streichen. Etwa 30 Minuten backen, bis der Kuchen aufgegangen ist und ein in die Mitte gestochener Holzspieß trocken und sauber bleibt. Etwa 5 Minuten abkühlen lassen, dann aus der Form lösen und auf einem Kuchengitter vollständig auskühlen lassen.

Auf einem quadratischen Stück Papier (20 cm Seitenlänge) ein Herz aufzeichnen, ausschneiden und als Schablone auf den Kuchen legen. Den Teig mit einem Messer zurechtschneiden. Alternativ eine Herzbackform verwenden.

Das Herz horizontal halbieren, eine Hälfte mit dem Johannisbeergelee bestreichen und die zweite daraufsetzen. Für die Creme Mascarpone und Zucker glatt rühren und mit etwas Speisefarbe rosa einfärben. Das Herz mit der Creme überziehen und mit Farbspray, Dekor-rosen und Johannisbeeren dekorieren.

Ergibt 8 Stück

Ingwer-Limetten-Eistorte

Variationen auf Seite 240

Eine wundervolle Torte für eine sommerliche Geburtstagsfeier im Freien! Kinder schwören vermutlich eher auf die Variation mit Vanille oder Schokolade.

500 g Vanillepudding (Fertigprodukt)
3½ Stücke Ingwerpflaume in Sirup, gehackt
fein abgeriebene Schale und Saft von 2 Limetten

250 g Sahne
ca. 300 g Honigkuchen (Fertigprodukt)

Den Pudding in einer Schüssel mit Ingwer, Limettenschale und -saft verrühren. Die Sahne unterrühren. In eine Eismaschine füllen und zu einer weichen Eiscreme verarbeiten. Alternativ die Sahne steif schlagen und unter den Pudding ziehen. In einem gefriergeeigneten Behälter 2 Stunden tiefkühlen. Dann kräftig mit einer Gabel rühren, um die Eiskristalle aufzubrechen. Den Vorgang alle 30 Minuten wiederholen, bis das Eis eine cremige Konsistenz hat.

Eine Springform (20 cm Ø) einfetten und den Boden mit Backpapier auslegen. Den Honig-kuchen entrinden und in etwa 7 mm dicke Scheiben schneiden. Rand und Boden der Form dicht mit den Scheiben auskleiden. Das Eis in die Form füllen, glatt streichen und 3–4 Stunden tiefkühlen, bis die Masse fest ist. Zum Servieren die Eistorte mit Limettenzesten bestreuen und eventuell mit Kerzen dekorieren.

Ergibt 8 Stück

Festliche Weihnachtstorte

Variationen auf Seite 241

Mit diesem Kunstwerk werden Sie Ihre Weihnachtsgäste garantiert zum Staunen bringen. Die Torte ist leicht herzustellen, muss allerdings 24 Stunden ruhen, bevor sie überzogen wird.

1 Dundee Cake ohne Mandeln (Seite 68)
Dekoration
140 g Fondant-Masse (Fertigprodukt)
Deko-Streugold
280 g Marzipanrohmasse
80 g Aprikosenkonfitüre

3 Eiweiß
500 g Puderzucker
1 EL Zitronensaft
400 g weiße und goldene Wiener Mandeln
goldene Zuckerperlen

Die Fondant-Masse auf Frischhaltefolie 5 mm dick ausrollen. Mit Ausstechformen 4–5 cm große weihnachtliche Motive ausstechen. Mit Streugold bestäuben und trocknen lassen.

Den Kuchen auf eine Tortenplatte stürzen. Etwa 50 g Marzipan weich kneten, zu einer Rolle formen und damit die Unebenheiten am unteren Rand des Kuchens ausgleichen, sodass die Seiten ganz gerade sind. Das restliche Marzipan zu einem 35 cm großen Kreis ausrollen.

Das Aprikosengelee erhitzen und glatt rühren. Den Kuchen damit bestreichen. Die Marzipandecke darauflegen, vorsichtig glätten und andrücken. Überstehendes Marzipan abschneiden. Die Torte mindestens 24 Stunden trocknen lassen.

Für die Garnierung das Eiweiß in einer sauberen Schüssel steif schlagen. Dabei den Puderzucker unter ständigem Rühren einrieseln lassen. Den Zitronensaft hinzufügen und die Torte komplett mit der Masse überziehen. Etwa 2 Stunden trocknen lassen.

Etwa die Hälfte der Fondant-Motive, Mandeln und Zuckerperlen auf der Torte verteilen, den Rest ringsum auf die Tortenplatte legen.

Ergibt 10 Stück

Fruchtige Weihnachtstorte

Variationen auf Seite 242

Diese locker-leichte Torte verbindet das zarte Aroma der Birne mit dem fein-säuerlichen Geschmack der Cranberrys. Eine fabelhafte, cremige Alternative zum Christstollen.

170 g zimmerwarme Butter
140 g Feinstzucker
3 Eier
140 g Mehl
1½ TL Backpulver
¾ TL Lebkuchengewürz

2 Birnen, geschält, entkernt und gewürfelt
75 g getrocknete Cranberrys
Mascarpone-Creme
400 g Mascarpone
60 g Puderzucker, gesiebt

Johannisbeeren und grüne Kräuterblätter, zum Dekorieren

Den Backofen auf 180 °C vorheizen. Zwei Springformen (20 cm Ø) einfetten und den Boden mit Backpapier auslegen.

Butter und Zucker cremig rühren, dann nach und nach die Eier unterrühren. Mehl, Backpulver und Lebkuchengewürz darübersieben und unterziehen. Birnen und Cranberrys unterheben.

Den Teig in die vorbereiteten Formen füllen und mit einem Löffelrücken glatt streichen. Im vorgeheizten Ofen 20–25 Minuten backen, bis ein in die Mitte gestochener Holzspieß trocken und sauber bleibt. Auf einem Kuchengitter vollständig auskühlen lassen.

Für die Creme Mascarpone und Puderzucker glatt rühren. Die beiden Teigböden mit knapp der Hälfte der Creme zusammensetzen. Mit der restlichen Creme überziehen und mit Johannisbeeren dekorieren.

Ergibt 8 Stück

Österlicher Früchtekuchen

Variationen auf Seite 243

Der „Simnel Cake" genannte Früchtekuchen wird in Großbritannien traditionell an Ostern serviert. Eigentlich wird er von einer Marzipanschicht eingehüllt, hier aber versteckt sich das Marzipan im Teig.

Teig
170 g zimmerwarme Butter
140 g brauner Zucker
3 Eier
140 g Mehl
1½ TL Backpulver
30 g gemahlene Mandeln

2 TL Lebkuchengewürz
fein abgeriebene Schale von
   1 Orange
fein abgeriebene Schale von
   ½ Zitrone
270 g gemischte
   Trockenfrüchte

30 g kandierte Kirschen
200 g Marzipanrohmasse,
   geraspelt
Zuckerguss
225 g Puderzucker, gesiebt
2 EL Zitronensaft
Zuckereier, zum Dekorieren

Den Backofen auf 160 °C vorheizen. Eine Springform (20 cm Ø) einfetten und den Boden mit Backpapier auslegen. Butter und Zucker cremig rühren. Nach und nach die Eier unterrühren. Mehl und Backpulver darübersieben und unterziehen. Gemahlene Mandeln, Lebkuchengewürz sowie Orangen- und Zitronenschale unterrühren. Nun Trockenfrüchte und Kirschen unterheben. Die Hälfte des Teigs in die vorbereitete Form füllen und mit dem Marzipan bestreuen. Den restlichen Teig einfüllen und mit einem Löffelrücken glatt streichen. Etwa 1 Stunde 45 Minuten backen, bis ein in die Mitte gestochener Holzspieß trocken und sauber bleibt.

Etwa 10 Minuten abkühlen lassen, dann aus der Form lösen und auf einem Kuchengitter vollständig auskühlen lassen. Für den Guss Puderzucker und Zitronensaft glatt rühren. Den Kuchen damit überziehen und mit den Zuckereiern dekorieren.

Ergibt 8 Stück

Tauftorte

Variationen auf Seite 244

Diese hübsche pastellgelbe Torte schmeckt Kindern und Erwachsenen gleichermaßen und ist daher ideal für eine Familienfeier. Sie eignet sich sowohl für eine Jungen- wie auch für eine Mädchentaufe.

Teig
170 g zimmerwarme Butter
140 g Feinstzucker
fein abgeriebene Schale von
    1 Zitrone
3 Eier

140 g Mehl
1$^1/_2$ TL Backpulver
Zitronencreme
200 g Mascarpone
200 g Crème fraîche
3 EL Puderzucker

fein abgeriebene Schale von
    $^1/_2$ Zitrone
gelbe Speisefarbe
weiße Dekorrosen, zum
    Dekorieren

Den Backofen auf 180 °C vorheizen. Zwei Springformen (20 cm Ø) einfetten und den Boden mit Backpapier auslegen. Butter, Zucker und Zitronenschale cremig rühren. Nach und nach die Eier unterrühren. Mehl und Backpulver darübersieben und unterziehen. Den Teig in die vorbereiteten Formen füllen und mit einem Löffelrücken glatt streichen. Im vorgeheizten Ofen 20–25 Minuten backen, bis die Kuchen bei leichtem Fingerdruck elastisch nachgeben. Auf ein Kuchengitter stürzen, das Backpapier vorsichtig abziehen und die Böden vollständig auskühlen lassen.

Für die Zitronencreme den Mascarpone glatt rühren und mit Crème fraîche, Zucker sowie Zitronenschale zu einer cremigen Masse verrühren. Mit etwas Speisefarbe hellgelb einfärben. Die Teigböden mit knapp der Hälfte der Creme zusammensetzen. Mit der restlichen Creme überziehen und mit Dekorrosen dekorieren.

Ergibt 8 Stück

Schokoladen-Geburtstagstorte

Variationen auf Seite 245

Jedes Geburtstagskind freut sich über einen Geburtstagskuchen – besonders, wenn er so zartschmelzend und schokoladig ist wie dieser hier.

Teig
100 g Zartbitterschokolade
120 g zimmerwarme Butter
140 g Feinstzucker
2 Eier, getrennt
140 g Mehl
1$^1/_2$ TL Backpulver
1 EL Kakaopulver

60 ml Milch
Buttercreme
80 g zimmerwarme Butter
200 g Puderzucker, gesiebt
1 EL Kakaopulver
1$^1/_2$ EL Milch
Geburtstagskerzen, zum Dekorieren

Den Backofen auf 180 °C vorheizen. Eine Springform (20 cm Ø) einfetten und den Boden mit Backpapier auslegen.

Die Schokolade in eine hitzebeständige Schüssel geben und im Wasserbad über leicht köchelndem Wasser schmelzen. Etwa 5 Minuten abkühlen lassen. Butter und Zucker cremig rühren. Zunächst ein Eigelb, dann das zweite unterrühren. Die geschmolzene Schokolade unterziehen. Mehl, Backpulver und Kakao darübersieben und unterziehen. Nach und nach die Milch unterrühren, bis ein lockerer Teig entstanden ist.

Das Eiweiß in einer sauberen Schüssel steif schlagen und portionsweise unter den Teig heben. Den Teig in die Form füllen und etwa 45 Minuten backen, bis ein in die Mitte gestochener Holzspieß trocken und sauber bleibt. Auf einem Kuchengitter vollständig auskühlen lassen.

Für die Buttercreme die Butter glatt rühren. Puderzucker und Kakaopulver darübersieben. Die Milch hinzufügen und alles zu einer weichen, cremigen Masse rühren. Den Kuchen damit überziehen und mit Geburtstagskerzen dekorieren.

Ergibt 8 Stück

Variationen

Weiße Hochzeitstorte

Grundrezept auf Seite 211

Kleine weiße Hochzeitstorte

Teig und Creme wie beschrieben zubereiten und 2 cm hoch in zwei Springformen (14 cm Ø) füllen. Den restlichen Teig für ein anderes Rezept verwenden.
Etwa 20 Minuten backen, bis ein in die Mitte gestochener Holzspieß trocken
und sauber bleibt.

Große weiße Hochzeitstorte

Die doppelte Menge Teig und Creme zubereiten. Den Teig 2 cm hoch in zwei
Springformen (28 cm Ø) füllen. Den restlichen Teig für ein anderes Rezept
verwenden. Etwa 20 Minuten backen, bis ein in die Mitte gestochener Holzspieß trocken und sauber bleibt.

Vanille-Hochzeitstorte

Den Teig wie beschrieben zubereiten. Dabei die Zitronenschale durch 1 Teelöffel Vanillearoma ersetzen.

Hochzeitstorte mit Rosenwasser

Die Torte wie beschrieben zubereiten. Dabei die Zitronenschale durch
1 Esslöffel Rosenwasser ersetzen und die Torte vor dem Servieren mit rosa
Blütenblättern dekorieren.

Variationen

Dunkle Hochzeitstorte

Grundrezept auf Seite 212

Kleine dunkle Hochzeitstorte
Teig und Ganache wie beschrieben zubereiten und etwa 3 cm hoch in eine
Springform (14 cm Ø) füllen. Den restlichen Teig für ein anderes Rezept ver-
wenden. Etwa 35 Minuten backen, bis der Teig sich bei Fingerdruck fest anfühlt.

Große dunkle Hochzeitstorte
Die doppelte Menge Teig und Ganache zubereiten. Den Teig 3 cm hoch in eine
Springform (28 cm Ø) füllen. Den restlichen Teig für ein anderes Rezept ver-
wenden. Etwa 35 Minuten backen, bis der Teig sich bei Fingerdruck fest anfühlt.

Dunkle Hochzeitstorte mit Rosenblüten
Die Torte wie beschrieben zubereiten. Dabei für die Dekorierung die Schokoladenröllchen durch dunkelrote Rosenblütenblätter ersetzen.

Dunkle Hochzeitstorte mit Sommerbeeren
Die Torte wie beschrieben zubereiten. Dabei für die Dekoration die Schokoladenröllchen durch frische Beeren der Saison ersetzen.

Variationen

Frühlingstorte

Grundrezept auf Seite 215

Blaubeertorte
Die Torte wie beschrieben zubereiten. Dabei die kandierten Blütenblätter durch 250 g frische Blaubeeren ersetzen.

Zitronen-Himbeer-Kuchen
Die Torte wie beschrieben zubereiten. Dabei die Zitronencreme mit roter Speisefarbe rosa färben und die kandierten Blütenblätter durch 100 g Himbeeren ersetzen.

Geburtstagstorte mit Vanille & Erdbeeren
Die Torte wie beschrieben zubereiten. Dabei die Zitronenschale durch 1 Teelöffel Vanillearoma ersetzen und zusätzlich mit etwa 100 g geviertelten Erdbeeren füllen. Die Blütenblätter weglassen und mit Silberperlen und Geburtstagskerzen dekorieren.

Orangen-Frühlingstorte
Die Torte wie beschrieben zubereiten. Dabei sowohl im Teig als auch in der Creme die Zitronenschale durch die fein abgeriebene Schale von 1 Orange und den Lemon Curd durch süße Orangenmarmelade ersetzen.

Variationen

Halloween-Kuchen

Grundrezept auf Seite 216

Halloween-Kuchen mit Walnüssen
Den Teig wie beschrieben zubereiten. Dabei zusätzlich 60 g gehackte
Walnüsse unterheben.

Halloween-Kuchen mit Schokolade
Den Teig wie beschrieben zubereiten. Dabei zusätzlich 100 g Zartbitter-
Schokoladentropfen unterheben.

Halloween-Kuchen mit Sultaninen
Den Teig wie beschrieben zubereiten. Zusätzlich 75 g Sultaninen unterheben.

Halloween-Kuchen mit Chili
Den Teig wie beschrieben zubereiten. Dabei zusätzlich mit den anderen
Gewürzen $\frac{1}{2}$ Teelöffel zerstoßene Chiliflocken unterrühren.

Halloween-Kuchen mit Orange
Den Teig wie beschrieben zubereiten. Dabei zusätzlich mit den anderen
Gewürzen die fein abgeriebene Schale von 1 Orange unterrühren.

Variationen

Partykuchen

Grundrezept auf Seite 219

Partykuchen mit Orange
Den Teig wie beschrieben zubereiten. Dabei das Vanillearoma durch die fein abgeriebene Schale von 1 Orange ersetzen.

Partykuchen mit Kaffee
Den Teig wie beschrieben zubereiten. Dabei das Vanillearoma durch 1 Esslöffel Instant-Kaffee, aufgelöst in 1 Esslöffel heißem Wasser, ersetzen.

Partykuchen mit Schokostückchen
Den Kuchen wie beschrieben zubereiten. Dabei für die Dekoration die Zuckerperlen durch weiße Schokoladentropfen ersetzen.

Partykuchen mit Kakaopulver
Den Kuchen wie beschrieben zubereiten. Dabei Ganache und Zuckerperlen weglassen. Vor dem Servieren mit Kakaopulver bestäuben.

Variationen

Valentinsherz

Grundrezept auf Seite 220

Valentinsherz mit Himbeeren
Die Torte wie beschrieben zubereiten. Dabei die Johannisbeeren durch
Himbeeren und das Johannisbeergelee durch Himbeergelee ersetzen. Vor
dem Servieren mit Himbeeren belegen. Farbspray, Johannisbeeren und
Dekorrosen weglassen.

Valentinsherz mit Erdbeeren
Die Torte wie beschrieben zubereiten. Dabei das Johannisbeergelee durch
Erdbeerkonfitüre ersetzen und vor dem Servieren mit Erdbeeren belegen.
Farbspray, Johannisbeeren und Dekorrosen weglassen.

Valentinsherz mit Zitrone
Die Torte wie beschrieben zubereiten. Dabei das Vanillearoma durch die fein
abgeriebene Schale von 1 Zitrone ersetzen. Die Mascarpone-Creme nicht einfärben. Mit roten Johannisbeeren und rosafarbenen Dekorrosen dekorieren.

Valentinsherz mit Passionsfrucht
Die Torte wie beschrieben zubereiten. Dabei die Mascarpone-Creme nicht
einfärben. Farbspray, Johannisbeeren und Dekorrosen durch das Fruchtfleisch
von 6 Passionsfrüchten ersetzen.

Variationen

Ingwer-Limetten-Eistorte

Grundrezept auf Seite 223

Vanille-Eistorte
Die Torte wie beschrieben zubereiten. Dabei Ingwer und Limette weglassen.
Den Honigkuchen durch Madeira-Kuchen (Seite 64) ersetzen.

Schokoladen-Eistorte
Zusätzlich 200 g geschmolzene Zartbitterschokolade in den Pudding rühren.
Ingwer und Limette weglassen. Den Honigkuchen durch Madeira-Kuchen
(Seite 64) ersetzen.

Kaffee-Eistorte
Zusätzlich 3 Esslöffel Instant-Kaffee, aufgelöst in 3 Esslöffeln heißem Wasser,
in den Pudding rühren. Ingwer und Limette weglassen. Den Honigkuchen
durch Schokoladenkuchen ersetzen.

Erdbeer-Eistorte
Die Hälfte des Puddings durch 600 g pürierte und durch ein Sieb passierte
Erdbeeren ersetzen. Ingwer und Limette weglassen. Mit Erdbeeren dekorieren.

Himbeer-Eistorte
Die Hälfte des Puddings durch 600 g pürierte und durch ein Sieb passierte
Himbeeren ersetzen. Ingwer und Limette weglassen. Mit Himbeeren dekorieren.

Variationen

Festliche Weihnachtstorte

Grundrezept auf Seite 224

Silberne Weihnachtstorte
Die Torte wie beschrieben zubereiten. Dabei alle goldenen Dekorelemente
durch silberne ersetzen.

Einfache Weihnachtstorte
Die Torte wie beschrieben zubereiten. Dabei Fondant-Motive, Mandeln und
Zuckerperlen durch Marzipanmotive ersetzen.

Schneeweiße Weihnachtstorte
Die Torte wie beschrieben zubereiten. Dabei für die Dekoration nur weiße
Wiener Mandeln verwenden.

Variationen

Fruchtige Weihnachtstorte

Grundrezept auf Seite 227

Weihnachtstorte mit Äpfeln & Cranberrys
Die Torte wie beschrieben zubereiten. Die Birnen durch 1 großen Apfel ersetzen.

Weihnachtstorte mit Zimt, Birnen & Cranberrys
Die Torte wie beschrieben zubereiten. Dabei das Lebkuchengewürz durch ³/₄ Teelöffel Zimt ersetzen.

Weihnachtstorte mit Ingwer, Birnen & Cranberrys
Den Teig wie beschrieben zubereiten. Dabei zusätzlich 3 gehackte Stücke Ingwerpflaume in Sirup unterheben.

Weihnachtstorte mit Birnen & Kirschen
Den Teig wie beschrieben zubereiten. Dabei die Cranberrys durch 75 g getrocknete Kirschen ersetzen.

Variationen

Österlicher Früchtekuchen

Grundrezept auf Seite 228

Österlicher Früchtekuchen mit Kakao
Den Teig wie beschrieben zubereiten. Dabei zusätzlich 3 Esslöffel Kakaopulver unter das Mehl mischen.

Österlicher Früchtekuchen mit Blütenblättern
Den Kuchen wie beschrieben zubereiten. Dabei die Zuckereier durch kandierte Blütenblätter (Seite 27) ersetzen.

Traditioneller Früchtekuchen
Zuckerguss und -eier weglassen. Den erkalteten Kuchen mit 1 Esslöffel passierter Aprikosenkonfitüre bestreichen, mit 140 g ausgerolltem Marzipan bedecken und am oberen Kuchenrand mit Marzipankügelchen dekorieren. Mit Eiweiß bestreichen und im vorgeheizten Ofen (220 °C) etwa 3 Minuten leicht bräunen.

Österlicher Früchtekuchen mit Ingwer
Den Teig wie beschrieben zubereiten. Dabei zusätzlich 4 gehackte Stücke Ingwerpflaume in Sirup mit den Trockenfrüchten unterheben.

Österlicher Früchtekuchen mit Zimt
Den Teig wie beschrieben zubereiten. Das Lebkuchengewürz durch Zimt ersetzen.

Variationen

Tauftorte

Grundrezept auf Seite 231

Tauftorte für einen Jungen
Die Torte wie beschrieben zubereiten. Dabei die gelbe durch blaue Speisefarbe ersetzen.

Tauftorte für ein Mädchen
Die Torte wie beschrieben zubereiten. Dabei die gelbe durch rote Speisefarbe
ersetzen und rosafarbene Dekorrosen verwenden.

Tauftorte mit Himbeerkonfitüre
Den unteren Boden zusätzlich mit 3 Esslöffeln Himbeerkonfitüre bestreichen.
Dann erst die Böden mit der Creme zusammensetzen.

Tauftorte mit Blaubeeren für einen Jungen
Die Torte wie beschrieben zubereiten. Dabei die Creme nicht einfärben. Die
Torte zusätzlich mit 170 g Blaubeeren füllen. Vor dem Servieren mit weiteren
Blaubeeren dekorieren.

Tauftorte mit Erdbeeren für ein Mädchen
Die Torte wie beschrieben zubereiten. Dabei die Creme nicht einfärben. Die
Torte zusätzlich mit etwa 150 g Erdbeerscheiben füllen. Vor dem Servieren
mit weiteren Erdbeeren dekorieren.

Variationen

Schokoladen-Geburtstagstorte

Grundrezept auf Seite 232

Schokoladen-Orangen-Geburtstagstorte
Den Teig wie beschrieben zubereiten. Dabei zusätzlich die fein abgeriebene Schale von 1 Orange unterrühren.

Schokoladen-Geburtstagstorte mit Kirschfüllung
Die Torte wie beschrieben zubereiten. Dabei den Kuchen horizontal halbieren und mit 3–4 Esslöffeln Kirschkonfitüre wieder zusammensetzen. Mit der Ganache überziehen.

Kaffee-Schokoladen-Geburtstagstorte
Den Teig wie beschrieben zubereiten. Dabei zusätzlich 1 Esslöffel Instant-Kaffee, aufgelöst in 1 Esslöffel heißem Wasser, mit der Milch unterrühren.

Geburtstagstorte mit Schokoladenstückchen
Die Torte wie beschrieben zubereiten. Dabei vor dem Servieren erst mit Schokoladentropfen bestreuen, dann erst die Kerzen hineinstecken.

Diätetische Kuchen

Gerade die Hauptzutaten – Butter, Zucker, Eier und Mehl – machen viele Kuchen für Allergiker und Schlankheitsbewusste zum Tabu. Doch muss man deshalb nicht ganz auf leckeres Backwerk verzichten, sondern kann mit den folgenden Rezepten bedenkenlos schlemmen.

Orangen-Mandel-Kuchen

Variationen auf Seite 269

Dieser frische, leichte Kuchen mit dem feinen Mandelaroma ist ideal für Menschen mit Glutenunverträglichkeit. Man kann ihn zum Kaffee oder als Dessert genießen.

3 kleine Orangen, geschält
6 Eier
200 g Feinstzucker
200 g gemahlene Mandeln

$1\frac{1}{2}$ TL Backpulver
Puderzucker, zum Bestäuben
geschlagene Sahne, zum Servieren

Die Orangen in einem Topf mit kochendem Wasser bedecken und 1 Stunde köcheln lassen. Dann abtropfen und abkühlen lassen. Die Orangen halbieren und sämtliche Kerne entfernen. Die Orangenhälften im Mixer oder mit dem Pürierstab glatt pürieren.

Den Backofen auf 180 °C vorheizen. Eine Springform (20 cm Ø) einfetten und den Boden mit Backpapier auslegen.

Das Orangenpüree in eine große Schüssel geben und die Eier unterrühren. Den Zucker einarbeiten und schließlich Mandeln und Backpulver gründlich unterheben. Den Teig in die Form füllen und etwa 1 Stunde backen, bis ein in die Mitte gestochener Holzspieß trocken und sauber bleibt. Den Kuchen in der Form auskühlen lassen, dann vorsichtig herauslösen.

Mit Puderzucker bestäuben und mit Schlagsahne servieren.

Ergibt 8 Stück

Marokkanischer Joghurtkuchen

Variationen auf Seite 270

Dieser locker-leichte glutenfreie Kuchen ähnelt in Geschmack und Konsistenz ein wenig einem Käsekuchen. Mit Honig beträufelt, ist er ein großartiges Dessert.

60 g saure Sahne
250 g griechischer Joghurt
1½ EL Speisestärke, aufgelöst in 1½ EL kaltem
    Wasser
fein abgeriebene Schale und Saft von 1 Zitrone

fein abgeriebene Schale von 1 Orange
3 Eier (Größe L), getrennt
60 g Feinstzucker
40 g abgezogene Mandeln, geröstet und
    grob gehackt

Den Backofen auf 180 °C vorheizen. Eine Backform (20 cm x 26 cm) einfetten und den Boden mit Backpapier auslegen.

Saure Sahne, Joghurt und angerührte Speisestärke glatt rühren. Zitronenschale und -saft sowie Orangenschale einarbeiten. Das Eigelb mit 50 g Zucker in einer zweiten Schüssel schaumig rühren und unter die Joghurtmasse ziehen. Das Eiweiß in einer sauberen Schüssel halb steif schlagen. Dann den restlichen Zucker unterrühren. Den Eischnee unter die Joghurt-masse heben und in die vorbereitete Form füllen.

Die Form in eine große Bratform setzen und diese mit kaltem Wasser füllen, bis die Backform zur Hälfte im Wasser steht. Im vorgeheizten Ofen 35–40 Minuten backen. Mit den Mandeln bestreuen und auskühlen lassen. Bei Zimmertemperatur oder gekühlt servieren.

Ergibt 8 Stück

Erdbeer-Baisertorte

Variationen auf Seite 271

Baiser eignet sich perfekt als glutenfreies Dessert. Hier wird es mit frischen Erdbeeren und Schlagsahne gefüllt.

Baiser	Füllung
170 g geröstete Haselnüsse	140 g Sahne
300 g Feinstzucker	200 g Erdbeeren, geputzt und in Scheiben, plus
5 Eiweiß	etwas mehr zum Dekorieren
2 TL Weißweinessig	

Den Backofen auf 190 °C vorheizen. Zwei Springformen (20 cm Ø) einfetten und den Boden mit Backpapier auslegen.

Die Haselnüsse fein mahlen. Etwa ein Viertel des Zuckers untermischen. Das Eiweiß halb steif schlagen. Dann nach und nach den restlichen Zucker unterrühren, bis eine feste, glänzende Masse entstanden ist. Haselnüsse und Essig unterheben. Die Baisermasse in die vorbereiteten Formen füllen, glatt streichen und 40 Minuten hellbraun und knusprig backen. Den Backofen ausschalten und das Baiser im Ofen vollständig auskühlen lassen.

Das Backpapier von den Baiserböden abziehen. Einen Boden auf eine Tortenplatte setzen. Die Sahne steif schlagen und auf dem Baiserboden verstreichen. Mit den Erdbeerscheiben belegen und den zweiten Boden daraufsetzen. Mit einigen ganzen Erdbeeren dekorieren.

Ergibt 8 Stück

Zucchinikuchen mit Sirup

Variationen auf Seite 272

Nicht nur Menschen mit einer Laktoseintoleranz werden begeistert sein von diesem
ungewöhnlichen fruchtig-nussigen Kuchen.

Teig
2 Eier (Größe L)
80 ml Pflanzenöl
80 g Feinstzucker
Samen aus 6
    Kardamomkapseln,
    zerstoßen

½ TL gemahlener Ingwer
250 g Zucchini, gerieben
80 g ungesalzene
    Pistazienkerne, gehackt
140 g Mehl
2 TL Backpulver

Sirup
fein abgeriebene Schale und
    Saft von 2 Limetten
60 g Feinstzucker
60 g ungesalzene
    Pistazienkerne, gehackt

Den Backofen auf 180 °C vorheizen. Eine Springform (20 cm Ø) einfetten und den Boden mit
Backpapier auslegen.

Eier, Öl, Zucker, Kardamom und Ingwer cremig rühren. Dann Zucchini und Pistazien unterrühren. Mehl und Backpulver darübersieben und unterziehen. Den Teig in die vorbereitete
Form füllen und mit einem Löffelrücken glatt streichen.

Im vorgeheizten Ofen etwa 35 Minuten backen, bis ein in die Mitte gestochener Holzspieß
trocken und sauber bleibt. Etwa 5 Minuten abkühlen lassen, dann aus der Form lösen und auf
einem Kuchengitter vollständig auskühlen lassen.

Für den Sirup Limettenschale und -saft sowie Zucker in einem kleinen Topf unter Rühren
sanft erwärmen, bis der Zucker aufgelöst ist. Dann 1 Minute einkochen. Vom Herd nehmen,

die Pistazien unterrühren und 10–15 Minuten eindicken lassen. Den Kuchen damit tränken.
Vor dem Servieren mindestens 30 Minuten durchziehen lassen.

Ergibt 8 Stück

Knusperschnitten

Variationen auf Seite 273

Wer Gluten und Eier nicht verträgt, wird sich über diese Leckerbissen freuen, die auch bei Kindern gut ankommen. Für eine etwas fettärmere Variante die Masse nur in eine Form füllen und nicht füllen.

250 g Vollmilchschokolade
30 g Butter
250 g Cornflakes
120 g Paranüsse, grob gehackt

70 g Mini-Marshmallows (oder große Marshmallows in Stücken)
100 g Mascarpone

Zwei Springformen (20 cm Ø) einfetten und den Boden mit Backpapier auslegen. Die Schokolade in Stücke brechen und mit der Butter in eine hitzebeständige Schüssel geben. Im Wasserbad über leicht köchelndem Wasser schmelzen. Vom Herd nehmen, glatt rühren und etwas abkühlen lassen.

Unterdessen die Cornflakes in einen Gefrierbeutel füllen und mit einem Teigroller grob zerdrücken. Mit Nüssen und Marshmallows mischen und unter die geschmolzene Schokolade heben. Die Masse in die Formen füllen, die Oberfläche etwas ebnen und 1½ Stunden fest werden lassen.

Zum Servieren die Schokoladenscheiben aus den Formen lösen, mit dem Mascarpone bestreichen und zusammensetzen.

Ergibt 8 Stück

Sommerliche Biskuittorte

Variationen auf Seite 274

Gluten- und laktosefreie Kost bedeutet nicht automatisch Verzicht. Diese Torte mit einer Vanillecreme aus Sojamilch und frischen Erdbeeren steht für bedenkenlosen Genuss.

Teig
4 Eier, getrennt
130 g Feinstzucker
2 EL Speisestärke
2 EL Pfeilwurzelmehl
½ TL Weinstein-Backpulver
½ TL Natron

1 EL heller Zuckerrübensirup, erwärmt
1 TL Vanillearoma
Füllung
3 Eigelb (Größe XL)
2 EL Feinstzucker
1 EL Speisestärke

250 ml Sojamilch
1 TL Vanillearoma
Garnierung
200 g Erdbeeren, geviertelt, große Exemplare in Scheiben
Puderzucker, zum Bestäuben

Den Backofen auf 180 °C vorheizen. Zwei Springformen (20 cm Ø) einfetten und den Boden mit Backpapier auslegen.

Das Eiweiß in einer sauberen, fettfreien Schüssel steif schlagen. Eigelb, Zucker, Speisestärke, Pfeilwurzelmehl, Backpulver, Natron, Sirup und Vanillearoma in eine zweite Schüssel geben und cremig rühren. Unter den Eischnee ziehen und den Teig in die vorbereiteten Formen füllen. Im vorgeheizten Ofen 30 Minuten backen, bis die Kuchen sich bei Fingerdruck fest anfühlen. Dann auf einem Kuchengitter vollständig auskühlen lassen.

Unterdessen für die Füllung Eigelb, Zucker und Speisestärke in einer Schüssel cremig rühren. Die Sojamilch in einem Topf bis knapp unter den Siedepunkt erhitzen. Das Vanillearoma hinzufügen. Die Sojamilch in die Eimasse rühren. Die Masse zurück in den Topf füllen und unter Rühren sanft köcheln, bis die Masse eindickt.

In eine Schüssel füllen, mit Frischhaltefolie abdecken und abkühlen lassen. Dann in den Kühlschrank stellen. Zum Servieren die Teigböden mit der Vanillecreme zusammensetzen. Mit den Erdbeeren belegen und mit Puderzucker bestäuben.

Ergibt 8–10 Stück

Birnen-Ingwer-Kuchen

Variationen auf Seite 275

Alle, die auf Milchprodukte verzichten müssen, können sich auf diesen feinen Kuchen mit saftigen Birnen und würzigen Ingwerstückchen freuen. Servieren Sie ihn pur oder mit einem Löffel Sojasahne.

3 Eier
170 ml Pflanzenöl
2 feste Birnen, gerieben
4 Stücke Ingwerpflaume in Sirup, gehackt
170 g Mehl

$2^1/_2$ TL Backpulver
1 TL gemahlener Ingwer
$^1/_2$ TL frisch geriebene Muskatnuss
140 g Feinstzucker
Puderzucker, zum Bestäuben

Den Backofen auf 180 °C vorheizen. Eine Springform (20 cm Ø) einfetten und den Boden mit Backpapier auslegen.

Eier und Öl in einer Schüssel verrühren. Birnen und Ingwerstückchen untermischen. Mehl, Backpulver, Ingwer, Muskat und Zucker darübersieben und vorsichtig unterziehen.

Den Teig in die vorbereitete Form füllen und etwa 1 Stunde backen, bis der Kuchen aufgegangen ist und ein in die Mitte gestochener Holzspieß trocken und sauber bleibt. Einige Minuten abkühlen lassen, dann aus der Form lösen und auf einem Kuchengitter vollständig auskühlen lassen. Vor dem Servieren mit Puderzucker bestäuben.

Ergibt 8 Stück

Schokoladenkuchen

Variationen auf Seite 276

Dass ein Kuchen auch ohne Eier und Milchprodukte sündhaft lecker sein kann, beweist dieses Rezept, das im Handumdrehen zubereitet ist.

Teig
100 g Mehl
¾ TL Natron
4 EL Kakaopulver
130 g Feinstzucker

170 ml Wasser
4 EL Pflanzenöl
1 EL Weißweinessig

Schokoladencreme
2 EL Pflanzenöl
2 EL Kakaopulver
2 EL kochendes Wasser
120 g Puderzucker, gesiebt

Den Backofen auf 180 °C vorheizen. Eine Springform (20 cm Ø) einfetten und den Boden mit Backpapier auslegen.

Mehl, Natron und Kakao in eine Schüssel sieben. Den Zucker untermischen und eine Vertiefung in die Mitte drücken. Wasser, Öl und Essig hineingießen und mit den Trockenzutaten zu einem glatten Teig rühren. Den Teig in die Form füllen und im vorgeheizten Ofen 25 Minuten backen, bis der Kuchen aufgegangen ist und ein in die Mitte gestochener Holzspieß trocken und sauber bleibt. Auf einem Kuchengitter vollständig auskühlen lassen.

Für die Schokoladencreme Öl, Kakao und Wasser in eine hitzebeständige Schüssel geben und im Wasserbad über leicht köchelndem Wasser glatt rühren. Den Zucker unter ständigem Rühren einrieseln lassen. Dann weitere 2 Minuten rühren, bis eine dicke, glänzende Creme entstanden ist. Falls nötig, noch etwas mehr Wasser einarbeiten. Den Kuchen mit der Creme überziehen und vor dem Servieren einige Minuten fest werden lassen.

Ergibt 8 Stück

Fettarmer Orangen-Käsekuchen

Variationen auf Seite 277

Dieser herrliche Kuchen ist deutlich fettärmer als viele der klassischen Käsekuchen. Anstelle von reichhaltigem Frischkäse werden hier Hüttenkäse und Magerquark verwendet.

120 g fein zerkrümelte Vollkornbutterkekse
50 g fettarme Margarine, zerlassen
250 g Hüttenkäse
250 g Magerquark
130 g Feinstzucker

fein abgeriebene Schale von 2 großen Orangen
Saft von 1 Zitrone
2 TL Speisestärke, aufgelöst in 2 TL Wasser
4 Eier

Eine Springform (20 cm Ø) einfetten. Die Kekskrümel in die Margarine rühren. Die Masse in die vorbereitete Form geben und gut am Boden andrücken. Abgedeckt 30 Minuten im Kühlschrank fest werden lassen. Anschließend die Springform wasserdicht in zwei Lagen Alufolie einschlagen.

Den Hüttenkäse zweimal durch ein feines Sieb streichen. Mit Quark und Zucker glatt und cremig rühren. Orangenschale, Zitronensaft und Speisestärke einarbeiten. Nach und nach die Eier unterrühren.

Die Käsemasse auf den Keksboden geben und glatt streichen. Die Springform in eine große, flache Bratform setzen und diese etwa 2,5–3,5 cm hoch mit heißem Wasser füllen. Etwa 50 Minuten backen, bis die Käsemasse fest ist (in der Mitte darf sie noch weich sein). Aus dem Ofen nehmen und in der Form abkühlen lassen. Mindestens 4 Stunden in den Kühlschrank stellen, dann aus der Form lösen.

Ergibt 8 Stück

Fettarmer Pflaumenkuchen

Variationen auf Seite 278

Dieser schmackhafte Kuchen ist einfach zuzubereiten und unglaublich locker. Er enthält nicht so viel Fett wie Kuchen aus gewöhnlichem Rührteig.

Teig		Zuckerguss
80 g Backpflaumen	120 g Feinstzucker	170 g Puderzucker, gesiebt
3 EL kochendes Wasser	3 Eier	2 EL Zitronensaft
120 g zimmerwarme Butter	140 g Mehl	12 Backpflaumen
	1½ TL Backpulver	

Backpflaumen und Wasser in eine Schüssel geben und mindestens 2 Stunden einweichen. Im Mixer oder mit einem Pürierstab glatt pürieren.

Den Backofen auf 180 °C vorheizen. Eine Springform (20 cm Ø) einfetten und den Boden mit Backpapier auslegen. Butter und Zucker cremig rühren. Das Pflaumenpüree und dann den Zucker einarbeiten. Nach und nach die Eier unterrühren. Mehl und Backpulver darübersieben und unterziehen.

Den Teig in die vorbereitete Form füllen und glatt streichen. Etwa 30 Minuten backen, bis der Kuchen aufgegangen ist und ein in die Mitte gestochener Holzspieß trocken und sauber bleibt. Etwa 5 Minuten abkühlen lassen, dann aus der Form lösen und auf einem Kuchengitter vollständig auskühlen lassen.

Für den Guss Puderzucker und Zitronensaft glatt rühren und über den Kuchen gießen. Mit den Backpflaumen dekorieren.

Ergibt 8 Stück

Fettarme Zitronen-Beeren-Torte

Variationen auf Seite 279

Wenn Sie auf Ihre Linie achten wollen (oder müssen), sollten Sie einmal diese Torte probieren. Sie schmeckt frisch verzehrt am besten.

Teig
3 Eier
60 g Feinstzucker
40 g Mehl, gesiebt
½ TL Backpulver
fein abgeriebene Schale von 1 Zitrone

3 EL zerlassene Butter
Füllung
250 g Magerquark
4 EL Lemon Curd (Feinkosthandel)
250 g frische Beeren, z.B. Blaubeeren, Erdbeeren,
    Himbeeren und rote Johannisbeeren

Den Backofen auf 180 °C vorheizen. Zwei Springformen (20 cm Ø) einfetten und den Boden mit Backpapier auslegen.

Eier und Zucker in eine Schüssel geben und im Wasserbad über leicht köchelndem Wasser etwa 10 Minuten kräftig rühren, bis eine cremige Masse entstanden ist und der Schneebesen beim Rühren eine Spur hinterlässt. Etwa drei Viertel des Mehls und das Backpulver darübersieben und unterziehen. Das restliche Mehl hineinsieben, die Zitronenschale hinzufügen und nach und nach zusammen mit der Butter unterziehen. Den Teig in die Formen füllen und etwa 30 Minuten backen, bis die Kuchen aufgegangen sind und ein in die Mitte gestochener Holzspieß trocken und sauber bleibt. Auf ein Kuchengitter stürzen und auskühlen lassen. Vor dem Servieren Magerquark und Lemon Curd glatt rühren. Abschmecken und bei Bedarf noch etwas Lemon Curd hinzufügen. Die beiden Teigböden mit knapp der Hälfte der Creme zusammensetzen. Die restliche Creme auf der Torte verstreichen und mit den Beeren garnieren.

Ergibt 8 Stück

Fettarmer Rübenkuchen

Variationen auf Seite 280

Dieser süß-saftige Karottenkuchen überrascht mit kleinen rubinroten Rote-Bete-Stückchen. Auch wenn Sie die rote Rübe nicht mögen – diesen Kuchen werden Sie lieben!

Teig
170 g Mehl
3 TL Backpulver
1 TL Zimt
½ TL gemahlener Ingwer
140 g brauner Zucker

1 große Banane, zerdrückt
1 mittelgroße Karotte, gerieben
1 Rote Bete (ca. 3,5 cm Ø),
    geraspelt
2 Eier, verquirlt
170 ml Pflanzenöl

Quarkcreme
100 g Magerquark
2 EL Puderzucker, gesiebt
1 TL fein abgeriebene
    Zitronenschale

Den Backofen auf 180°C vorheizen. Eine Springform (20 cm Ø) einfetten und den Boden mit Backpapier auslegen.

Mehl, Backpulver und Gewürze in eine große Schüssel sieben. Mit dem Zucker mischen und eine Vertiefung in die Mitte drücken. Banane, Karotte, Rote Bete, Eier und Öl hineingeben und mit den Trockenzutaten zu einem glatten Teig rühren.

Den Teig in die vorbereitete Form füllen und etwa 45 Minuten backen, bis der Kuchen aufgegangen ist und ein in die Mitte gestochener Holzspieß trocken und sauber bleibt. Auf ein Kuchengitter geben und vollständig auskühlen lassen.

Für die Creme Quark, Zucker und Zitronenschale glatt rühren und auf dem Kuchen verstreichen.

Ergibt 8 Stück

Variationen

Orangen–Mandel-Kuchen

Grundrezept auf Seite 247

Orangen-Mandel-Kuchen mit Zimt
Den Teig wie beschrieben zubereiten. Dabei zusätzlich 1 Teelöffel Zimt unter die Mandeln mischen.

Orangen-Mandel-Kuchen mit Kardamom
Den Teig wie beschrieben zubereiten. Dabei zusätzlich 1 Teelöffel gemahlenen Kardamom unter die Mandeln mischen.

Zitruskuchen
Den Teig wie beschrieben zubereiten. Dabei zusätzlich die fein abgeriebene Schale von 1 Zitrone unter die Mandeln mischen.

Orangen-Mandel-Kuchen mit Chili
Den Teig wie beschrieben zubereiten. Dabei zusätzlich ¼ Teelöffel zerstoßene Chiliflocken unter die Mandeln mischen.

Orangen-Mandel-Kuchen mit Ingwer
Den Kuchen wie beschrieben zubereiten. Dabei zusätzlich 1 Teelöffel gemahlenen Ingwer in den Teig rühren und 2 gehackte Stücke Ingwerpflaume in Sirup mit den Mandeln zugeben.

Variationen

Marokkanischer Joghurtkuchen

Grundrezept auf Seite 248

Vanille-Joghurt-Kuchen
Den Teig wie beschrieben zubereiten. Dabei die Orangenschale durch 1½ Teelöffel Vanillearoma ersetzen.

Pistazien-Joghurt-Kuchen
Den Kuchen wie beschrieben zubereiten. Dabei die Mandeln durch grob gehackte ungesalzene Pistazienkerne ersetzen.

Haselnuss-Joghurt-Kuchen
Den Kuchen wie beschrieben zubereiten. Dabei die Mandeln durch grob gehackte geröstete Haselnüsse ersetzen.

Zimt-Joghurt-Kuchen
Den Teig wie beschrieben zubereiten. Dabei zusätzlich 1 Teelöffel Zimt unterrühren. Die Orangenschale weglassen.

Blaubeer-Joghurt-Kuchen
Den Kuchen wie beschrieben zubereiten. Dabei vor dem Servieren mit etwa 200 g frischen Blaubeeren belegen.

Variationen

Erdbeer-Baisertorte

Grundrezept auf Seite 251

Himbeer-Baisertorte
Die Torte wie beschrieben zubereiten. Die Erdbeeren durch Himbeeren ersetzen.

Blaubeer-Baisertorte
Die Torte wie beschrieben zubereiten. Die Erdbeeren durch Blaubeeren ersetzen.

Zitronen-Baisertorte
Die Torte wie beschrieben zubereiten. Dabei zusätzlich 4 Esslöffel Lemon Curd (Feinkosthandel) unter die Schlagsahne ziehen.

Sommerbeeren-Baisertorte
Die Torte wie beschrieben zubereiten. Dabei die Erdbeeren durch gemischte Beeren ersetzen.

Trauben-Baisertorte
Die Torte wie beschrieben zubereiten. Dabei die Erdbeeren durch halbierte kernlose Trauben ersetzen.

Variationen

Zucchinikuchen mit Sirup

Grundrezept auf Seite 252

Zucchinikuchen mit Frischkäsecreme
Den Kuchen wie beschrieben zubereiten. Dabei nicht mit Sirup tränken, sondern mit einer Frischkäsecreme (Rüblikuchen, Seite 63) überziehen. Für eine laktosefreie Variante Soja-Frischkäse verwenden.

Zucchini-Walnuss-Kuchen
Den Kuchen wie beschrieben zubereiten. Die Pistazien durch Walnüsse ersetzen.

Weihnachtlicher Zucchinikuchen
Den Teig wie beschrieben zubereiten. Dabei den Kardamom durch ½ Teelöffel Lebkuchengewürz ersetzen.

Zucchinikuchen mit Chili
Den Teig wie beschrieben zubereiten. Dabei zusätzlich ¼ Teelöffel zerstoßene Chiliflocken unterrühren.

Zucchini-Pekannuss-Kuchen
Den Kuchen wie beschrieben zubereiten. Dabei die Pistazien durch Pekannüsse ersetzen.

Variationen

Knusperschnitten

Grundrezept auf Seite 255

Schoko-Haselnuss-Knusperschnitten
Die Schnitten wie beschrieben zubereiten. Dabei die Paranüsse durch grob
gehackte geröstete Haselnüsse ersetzen.

Schoko-Mandel-Knusperschnitten
Die Schnitten wie beschrieben zubereiten. Dabei die Paranüsse durch grob
gehackte geröstete Mandeln ersetzen.

Weiße Schoko-Knusperschnitten
Die Schnitten wie beschrieben zubereiten. Dabei die Vollmilchschokolade
durch weiße Schokolade ersetzen.

Knusperschnitten mit Zuckerstreuseln
Die Schnitten wie beschrieben zubereiten. Dabei eine Form mit bunten
Zuckerstreuseln bestreuen. Diese als Oberseite verwenden, wenn die Scheiben
zusammengesetzt werden.

Knusperschnitten mit weißer Glasur
Die Schnitten wie beschrieben zubereiten. Dabei die Oberseite zusätzlich mit
60 g geschmolzener weißer Schokolade beträufeln.

Variationen

Sommerliche Biskuittorte

Grundrezept auf Seite 256

Laktose- und glutenfreie Biskuittorte mit Konfitüre

Die Torte wie beschrieben zubereiten. Dabei die Vanillecreme durch 3–4 Esslöffel Ihrer Lieblingskonfitüre ersetzen. Die Erdbeeren weglassen und die Torte mit Puderzucker bestäuben.

Laktose- und glutenfreie Biskuittorte mit Blaubeeren

Die Torte wie beschrieben zubereiten. Die Erdbeeren durch Blaubeeren ersetzen.

Laktose- und glutenfreie Biskuittorte mit Himbeeren

Die Torte wie beschrieben zubereiten. Die Erdbeeren durch Himbeeren ersetzen.

Laktose- und glutenfreie Biskuittorte mit Zitrone

Den Teig wie beschrieben zubereiten. Dabei das Vanillearoma durch die fein abgeriebene Schale von 1 Zitrone ersetzen.

Laktose- und glutenfreie Biskuittorte mit Kirschen

Die Torte wie beschrieben zubereiten. Die Erdbeeren durch Kirschen ersetzen.

Variationen

Birnen-Ingwer-Kuchen

Grundrezept auf Seite 259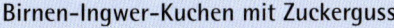

Birnen-Ingwer-Kuchen mit Zuckerguss
Den Kuchen wie beschrieben zubereiten. Dabei nicht mit Puderzucker bestäuben, sondern mit Zuckerguss überziehen. Dazu 250 g gesiebten Puderzucker mit 125 g weicher laktosefreier Butter, 2 Teelöffeln Zitronensaft und 2 Esslöffeln Ingwersirup (von der Ingwerpflaume) glatt rühren.

Birnen-Ingwer-Kuchen mit Sultaninen
Den Teig wie beschrieben zubereiten. Zusätzlich 100 g Sultaninen unterheben.

Birnen-Ingwer-Kuchen mit Kirschen
Den Teig wie beschrieben zubereiten. Dabei zusätzlich 75 g getrocknete Kirschen unterheben.

Birnen-Ingwer-Kuchen mit Haselnüssen
Den Teig wie beschrieben zubereiten. Dabei zusätzlich 80 g gehackte geröstete Haselnüsse unterheben.

Birnen-Ingwer-Kuchen mit Mandeln
Den Teig wie beschrieben zubereiten. Dabei zusätzlich 80 g gehackte geröstete Mandeln unterheben.

Variationen

Schokoladenkuchen

Grundrezept auf Seite 260

Schokoladenkuchen mit Orange
Den Teig wie beschrieben zubereiten. Dabei das Wasser durch Orangensaft ersetzen und zusätzlich die fein abgeriebene Schale von 1 Orange unterrühren.

Schokoladenkuchen mit Kaffee
Den Kuchen wie beschrieben zubereiten. Dabei zusätzlich 1 Esslöffel Instant-Kaffee, aufgelöst in 1 Esslöffel heißem Wasser, unterrühren. Für die Creme zusätzlich 1 Esslöffel Instant-Kaffee im kochenden Wasser auflösen.

Schokoladenkuchen mit Zimt
Den Teig wie beschrieben zubereiten. Dabei zusätzlich 1 Teelöffel Zimt unter das Mehl mischen.

Schokoladenkuchen mit Rum
Den Teig wie beschrieben zubereiten. Zusätzlich 1 Esslöffel Rum unterrühren.

Schokoladenkuchen mit Himbeeren
Den Kuchen wie beschrieben zubereiten. Dabei vor dem Servieren zusätzlich mit einigen frischen Himbeeren belegen.

Variationen

Fettarmer Orangen-Käsekuchen

Grundrezept auf Seite 263

Fettarmer Zitronen-Käsekuchen
Den Kuchen wie beschrieben zubereiten. Dabei die Orangenschale durch die fein abgeriebene Schale von 1 Zitrone ersetzen.

Reichhaltiger Orangen-Käsekuchen
Den Kuchen wie beschrieben zubereiten. Dabei den Hüttenkäse durch Doppelrahmfrischkäse (muss nicht durch ein Sieb gestrichen werden) und den Magerquark durch saure Sahne ersetzen.

Ricotta-Orangen-Käsekuchen
Den Kuchen wie beschrieben zubereiten. Dabei den Hüttenkäse durch Ricotta (muss nicht durch ein Sieb gestrichen werden) ersetzen.

Fettarmer Ingwer-Orangen-Käsekuchen
Den Kuchen wie beschrieben zubereiten. Dabei die Butterkekse durch Ingwerkekse ersetzen.

Fettarmer Orangen-Vanille-Käsekuchen
Den Teig wie beschrieben zubereiten. Dabei zusätzlich 1½ Teelöffel Vanillearoma unterrühren.

Variationen

Fettarmer Pflaumenkuchen

Grundrezept auf Seite 264

Halbfetter Pflaumenkuchen

Den Kuchen wie beschrieben zubereiten. Dabei den Zuckerguss durch Ganache ersetzen. Dazu 100 g gehackte Zartbitterschokolade in eine hitzebeständige Schüssel geben. 125 g Sahne bis knapp unter den Siedepunkt erhitzen. Über die Schokolade gießen und 5 Minuten schmelzen lassen, dann glatt rühren. Abkühlen und fester werden lassen. Mit Backpflaumen garnieren.

Fettarmer Zimt-Backpflaumen-Kuchen

Den Teig wie beschrieben zubereiten. Zusätzlich ¾ Teelöffel Zimt unterrühren.

Fettarmer Ingwer-Backpflaumen-Kuchen

Den Teig wie beschrieben zubereiten. Dabei zusätzlich ½ Teelöffel gemahlenen Ingwer und 3 gehackte Stücke Ingwerpflaume in Sirup unterheben.

Fettarmer Orangen-Backpflaumen-Kuchen

Den Teig wie beschrieben zubereiten. Dabei zusätzlich die fein abgeriebene Schale von 1 Orange unter das Pflaumenpüree rühren.

Fettarmer Armagnac-Backpflaumen-Kuchen

Den Teig wie beschrieben zubereiten. Dabei die Hälfte des Pflaumen-Einweichwassers durch Armagnac ersetzen.

Variationen

Fettarme Zitronen-Beeren-Torte

Grundrezept auf Seite 267

Fettarme Zitronentorte mit Kirschen
Die Torte wie beschrieben zubereiten. Dabei die Beeren durch entsteinte
Kirschen ersetzen.

Fettarme Orangentorte mit frischen Beeren
Die Torte wie beschrieben zubereiten. Dabei die Zitronenschale durch die
fein abgeriebene Schale von 1 Orange und den Lemon Curd durch süße
Orangenmarmelade ersetzen.

Fettarme Zitronentorte mit Pfirsichen
Die Torte wie beschrieben zubereiten. Dabei die Beeren durch gehäutete
Pfirsichspalten (von frischen Früchten oder Dosenware) ersetzen.

Fettarme Zitronentorte mit Feigen
Die Torte wie beschrieben zubereiten. Dabei die Beeren durch frische Feigen-
spalten ersetzen.

Fettarme Zitronentorte mit Mango
Die Torte wie beschrieben zubereiten. Dabei die Beeren durch frische Mangoscheiben ersetzen.

Variationen

Fettarmer Rübenkuchen

Grundrezept auf Seite 268

Fettarmer Rote-Bete-Kuchen
Den Teig wie beschrieben zubereiten. Dabei die Karotte durch eine zweite
Rote Bete ersetzen.

Fettarmer Karottenkuchen
Den Teig wie beschrieben zubereiten. Dabei die Rote Bete durch eine zweite
Karotte ersetzen.

Fettarmer Apfel-Karotten-Kuchen
Den Teig wie beschrieben zubereiten. Dabei die Rote Bete durch 1 kleinen
Apfel ersetzen.

Fettarmer Zucchini-Karotten-Kuchen
Den Teig wie beschrieben zubereiten. Die Rote Bete durch ½ Zucchini ersetzen.

Karottenkuchen mit Roter Bete & Walnüssen
Den Teig wie beschrieben zubereiten. Dabei zusätzlich 60 g gehackte
Walnüsse unterheben.

Register